中华人民共和国
法律援助法

案例注释版

中国法制出版社
CHINA LEGAL PUBLISHING HOUSE

图书在版编目（CIP）数据

中华人民共和国法律援助法：案例注释版／中国法制出版社编．—2版．—北京：中国法制出版社，2024.1

（法律法规案例注释版系列；20）

ISBN 978-7-5216-4085-4

Ⅰ.①中… Ⅱ.①中… Ⅲ.①法律援助-案例-中国 Ⅳ.①D926.05

中国国家版本馆CIP数据核字（2023）第239856号

责任编辑：谢 雯　　　　　　　　　　　封面设计：杨泽江

中华人民共和国法律援助法：案例注释版
ZHONGHUA RENMIN GONGHEGUO FALÜ YUANZHUFA：ANLI ZHUSHIBAN

经销/新华书店
印刷/河北华商印刷有限公司
开本/880毫米×1230毫米　32开　　　　　印张/6　字数/134千
版次/2024年1月第2版　　　　　　　　　2024年1月第1次印刷

中国法制出版社出版
书号 ISBN 978-7-5216-4085-4　　　　　　定价：25.00元

北京市西城区西便门西里甲16号西便门办公区
邮政编码：100053　　　　　　　　　　　传真：010-63141600
网址：http：//www.zgfzs.com　　　　　编辑部电话：010-63141784
市场营销部电话：010-63141612　　　　　印务部电话：010-63141606

（如有印装质量问题，请与本社印务部联系。）

出版说明

我国各级人民法院作出的生效裁判是审判实践的结晶，是法律适用在社会生活中真实、具体而生动的表现，是连接抽象法律与现实纠纷的桥梁。因此，了解和适用法律最好的办法，就是阅读、参考已发生并裁判生效的真实案例。从广大读者学法、用法以及法官、律师等司法实务人员工作的实际需要出发，我们组织编写了这套"法律法规案例注释版"丛书。该丛书侧重"以案释法"，期冀通过案例注释法条的方法，将法律条文与真实判例相结合，帮助读者准确理解与适用法律条文，并领会法律制度的内在精神。

丛书最大的特点是：

一、**专业性**。丛书所编选案例的原始资料基本来源于各级人民法院已经审结并发生法律效力的裁判文书，从阐释法律规定的需要出发，加工整理而成。对于重点法条，则从全国人大常委会法工委等立法部门对条文的专业解读中提炼条文注释。

二、**全面性**。全书以主体法为编写主线，并辅之以条文主旨、条文注释、实用问答、典型案例、相关规定等，囊括了该法条的理论阐释和疑难问题，帮助读者全面理解法律知识体系。

三、**示范性**。裁判案例是法院依法对特定主体之间在特定时间、地点发生的法律纠纷作出的裁判，其本身具有真实性、指导性和示范性的特点。丛书选择的案例紧扣法律条文规定，精选了最高人民法院、最高人民检察院公布的指导案例等典型案例，对于读者有很强的参考借鉴价值。

四、实用性。每本书通过实用问答模块，以问答的方式解答实务中的疑难问题，帮助读者更好地解决实际问题。丛书设置"相关案例索引"栏目，列举更多的相关案例，归纳出案件要点，以期通过相关的案例，进一步发现、领会和把握法律规则、原则，从而作为解决实际问题的参考，做到举一反三。

五、便捷性。丛书采用大字排版、双色印刷，清晰疏朗，提升了读者的阅读体验。我们还在部分分册的主体法律文件之后收录重要配套法律文件，以及相应的法律流程图表、文书等内容，方便读者查找和使用。

希望本丛书能够成为广大读者学习、理解和适用法律的得力帮手！

适用提示

2021年8月20日，第十三届全国人大常委会第三十次会议经表决，通过了《中华人民共和国法律援助法》，并自2022年1月1日起施行，就从法律层面对法律援助工作作出了具体规定。①

《中华人民共和国法律援助法》共分7章71条，具体分为：总则、机构和人员、形式和范围、程序和实施、保障和监督、法律责任、附则，主要围绕"广覆盖""高质量"两大目标进行了规定。

"广覆盖"主要体现在：

第一，法律援助的形式和范围进一步扩大，第22条将"劳动争议调解与仲裁代理"作为新增法律援助形式，并增加"规章"作为扩大法律援助形式的依据。

第二，对于刑事法律援助，第25条在应当通知辩护范围中增加"申请法律援助的死刑复核案件被告人"，并将"盲、聋、哑人"扩大为"视力、听力、言语残疾人"。第29条将刑事附带民事诉讼案件的原告人及其法定代理人纳入可以申请法律援

---

① 《法律援助：既要广覆盖又要高质量》，载中国人大网，http://www.npc.gov.cn/npc/c1773/c1848/c21114/flyzfca/flyzfca003/202108/t20210823_312821.html，最后访问时间：2023年11月24日。

助范围。

第三，对于民事、行政法律援助，第31条在申请法律援助的事项中增加"确认劳动关系""生态破坏损害赔偿"等。第32条在申请法律援助不受经济困难条件限制的情形中，增加规定"英雄烈士近亲属为维护英雄烈士的人格权益""因见义勇为行为主张相关民事权益"等情形。

"高质量"主要体现在：

第一，对可能被判处无期徒刑、死刑的人，以及死刑复核案件的被告人，提供法律援助的资格问题作出规定，第26条明确"应当指派具有三年以上相关执业经历的律师担任辩护人"。

第二，第32条对免予经济困难审查和第44条对先行提供法律援助的情形作出明确规定，有利于及时为当事人提供法律服务，化解纠纷，维护社会安定。

第三，增强了法律援助的保障水平。参见第4条对法律援助经费、补贴标准、流动机制等相关规定。

第四，加大了对法律援助机构和人员的监管力度。第55条、第56条对法律援助工作的投诉查处作出制度性规定。第57条还规定了引入第三方评估等多种方式定期对法律援助服务质量进行考核。第60条则明确了律师协会对律师事务所、律师法律援助义务的评价和相关惩戒措施。

为帮助广大读者更好地学习《中华人民共和国法律援助法》，切实帮助法律援助工作进一步完善发展，对本书的适用提示以下几点：

第一，关于案例。本书立足于帮助读者了解《中华人民共和国法律援助法》的亮点、重点，规范法律援助工作流程，提升工作质效，精心选取了法律援助相关典型案例，并附在具体条款下，旨在帮助读者了解适用要点，以案释法。

第二，关于相关规定。本书以《中华人民共和国法律援助法》为主线，在条文下主要列举了紧密关联的重要法律、行政法规、部门规章及文件，以方便读者全面了解现行法律体系，准确理解和适用《中华人民共和国法律援助法》。

第三，关于附录。附录为法律援助相关的法律规范具体条文内容，供读者查阅。

目 录

中华人民共和国法律援助法

第一章 总 则

第 一 条 【立法目的】 ·· 1
  ● 典型案例
    宁夏回族自治区银川市西夏区法律援助中心对王某
    工伤待遇赔偿提供法律援助案 ······························ 2
第 二 条 【概念】 ·· 4
  ● 典型案例
    1. 北京市法律援助中心对马某确认劳动关系纠纷提
       供法律援助案 ·· 5
    2. 上海市闵行区法律援助中心对农民工刘某某工伤
       赔偿提供法律援助案 ······································ 6
    3. 郑州市郑东新区法律援助中心为徐某等 21 名农
       民工劳务合同纠纷提供法律援助案 ···················· 8
第 三 条 【基本原则】 ·· 10
第 四 条 【法律援助保障体系】 ······································ 10
第 五 条 【法律援助工作指导监督】 ······························· 11

1

第 六 条　【公检法机关保障职责】 ·················· 11
　● 典型案例
　　1. 广州市法律援助处对赖某等3人海上人身损害责
　　　 任纠纷提供法律援助案 ······················ 11
　　2. 四川省某县法律援助中心对未成年人赵某某涉嫌
　　　 盗窃罪提供法律援助案 ······················ 13
第 七 条　【行业协会职责】 ·························· 14
第 八 条　【群团组织、事业单位、社会组织的法律援助】 ····· 15
第 九 条　【社会力量支持】 ·························· 15
第 十 条　【法律援助宣传教育】 ······················ 15
　● 典型案例
　　陕西省西安市蓝田县法律援助中心对贫困户罗某某
　　追讨购砖款提供法律援助案 ······················ 16
第十一条　【突出贡献的表彰奖励】 ···················· 17

第二章　机构和人员

第十二条　【法律援助机构职责】 ······················ 18
第十三条　【法律援助人员】 ·························· 19
　● 典型案例
　　内蒙古自治区鄂尔多斯市东胜区法律援助中心对万
　　某工伤赔偿纠纷提供法律援助案 ·················· 19
第十四条　【派驻值班律师】 ·························· 21
第十五条　【政府采购】 ······························ 22
第十六条　【法律援助主体及保障】 ···················· 23

● 典型案例

    1. 东莞市法律援助处对林某某医疗损害责任纠纷提供法律援助案 ………………………………………… 23

    2. 深圳市坪山区法律援助中心对陈某人身保险合同纠纷提供法律援助案 ………………………… 24

    3. 肇庆市封开县法律援助处对梁某仙劳务损害纠纷提供法律援助案 ………………………………… 26

    4. 揭阳市揭西县法律援助处对杨某汉等六人机动车交通事故责任纠纷提供法律援助案 ………… 27

第十七条　【法律援助志愿服务】 ……………… 29

第十八条　【跨区域法律援助】 ………………… 30

第十九条　【依法履行职责】 …………………… 30

● 典型案例

    1. 江苏省昆山市法律援助中心对赵某某送餐受伤纠纷提供法律援助案 ……………………………… 30

    2. 福建省厦门市翔安区法律援助中心对强某劳动合同纠纷提供法律援助案 ………………………… 31

    3. 青海省西宁市湟中区法律援助中心对王某某等23户农户合同纠纷提供法律援助案 ……………… 33

第二十条　【遵守职业道德】 …………………… 34

第二十一条　【保密条款】 ……………………… 34

第三章　形式和范围

第二十二条　【法律援助服务形式】 …………… 35

3

● 典型案例
    1. 肇庆市法律援助处对吴某某等 123 人劳动争议纠纷提供法律援助案 ········· 36
    2. 佛山市三水区法律援助处对钱某东工伤保险待遇纠纷提供法律援助案 ········· 37

第二十三条　【法律咨询服务提供】········· 39
第二十四条　【刑事法律援助申请】········· 39
第二十五条　【法律援助机构指派律师担任辩护人的法定情形】········· 41

● 典型案例
    1. 甘肃省甘南藏族自治州临潭县法律援助中心为侯某红盗窃提供法律援助案 ········· 44
    2. 重庆市奉节县法律援助中心对未成年人浩浩抚养费纠纷提供法律援助案 ········· 46

第二十六条　【重刑刑事案件法律援助】········· 47
第二十七条　【犯罪嫌疑人、被告人委托辩护权保障】········· 48
第二十八条　【强制医疗案件法律援助】········· 49
第二十九条　【被害人、自诉人及原告人等法律援助申请】········· 50
第 三 十 条　【值班律师提供法律帮助】········· 50

● 典型案例
    安徽省淮南市八公山区法律援助中心对杨某请求宣告公民无民事行为能力提供法律援助案 ········· 51

第三十一条　【经济困难当事人法律援助申请事项范围】········· 53

● 典型案例

　1. 江苏省苏州市相城区法律援助中心对魏某某劳动争议纠纷提供法律援助案 …………… 58

　2. 山东省济宁市汶上县法律援助中心对李某某医疗事故人身损害赔偿纠纷提供法律援助案 …… 59

　3. 河北省唐山市丰润区法律援助中心对李某某交通事故损害赔偿提供法律援助案 ………… 60

　4. 郑州市管城回族区法律援助中心为曹某某等30名农民工劳务合同纠纷提供法律援助案 …… 62

　5. 洛阳市法律援助中心为赵某等5名农民工追索劳动报酬纠纷提供法律援助案 ………… 63

　6. 焦作市解放区法律援助中心为张某等3名农民工劳务合同纠纷提供法律援助案 ………… 63

　7. 商丘市法律援助中心为朱某某等3名农民工追索劳动报酬纠纷提供法律援助案 ………… 64

第三十二条　【不受经济困难条件限制的情形】 …… 65

● 典型案例

　黑龙江省齐齐哈尔市龙江县法律援助中心对受家庭暴力妇女马某提供法律援助案 …………… 68

第三十三条　【申诉、再审案件法律援助】 ………… 69

第三十四条　【经济困难标准】 …………………… 70

第四章　程序和实施

第三十五条　【法律援助及时告知义务】 …………… 70

5

● 典型案例

　　惠州市博罗县法律援助处对谢某平追索社保待遇损失提供法律援助案 ················· 70

第三十六条　【刑事案件法律援助的通知指派程序】 ········ 72

第三十七条　【值班律师的法律保障】 ················ 72

第三十八条　【法律援助的管辖】 ·················· 72

第三十九条　【转交法律援助申请的程序】 ············· 73

第 四 十 条　【代为提出法律援助申请】 ·············· 73

　● 典型案例

　　浙江省衢州市开化县法律援助中心对未成年人汪某抚养费纠纷提供法律援助案 ············· 74

第四十一条　【经济困难状况的说明、核查及配合义务】 ······ 75

　● 典型案例

　　1. 新疆生产建设兵团第四师法律援助中心对颜某等199人追索劳动报酬提供法律援助案 ············ 75

　　2. 安徽省安庆市宜秀区法律援助中心对胡某某机动车交通事故纠纷提供法律援助案 ················· 76

第四十二条　【免予核查经济困难状况的人员范围】 ········ 78

　● 典型案例

　　福建省福州市法律援助中心对林某工伤认定行政确认、工伤赔偿纠纷提供法律援助案 ··············· 81

第四十三条　【法律援助申请的审查和处理】 ············ 85

第四十四条　【先行提供法律援助的情形】 ············· 86

第四十五条　【为特定群体提供法律援助】 ············· 87

● 典型案例

    1. 珠海高栏港经济区法律援助处对李某华民间借贷纠纷提供法律援助案 …………………………… 87

    2. 重庆市酉阳县法律援助中心对陈某赡养纠纷提供法律援助案 …………………………………………… 89

第四十六条　【法律援助人员的法律援助义务】………… 90

第四十七条　【受援人的义务】………………………… 90

第四十八条　【终止法律援助的情形】………………… 91

第四十九条　【异议的提出、处理与救济】…………… 92

第 五 十 条　【法律援助人员的报告与提交材料义务】… 92

第五章　保障和监督

第五十一条　【法律援助信息共享和工作协同】……… 93

第五十二条　【法律援助补贴】………………………… 93

第五十三条　【对受援人、法律援助人员的费用减免】… 94

第五十四条　【法律援助人员培训】…………………… 94

第五十五条　【受援人知情权、投诉权及请求更换权】… 94

第五十六条　【法律援助工作投诉查处制度】………… 95

第五十七条　【法律援助服务的监督、服务质量标准和考核】………………………………………… 95

第五十八条　【法律援助信息公开制度】……………… 96

第五十九条　【法律援助服务质量督促】……………… 96

第 六 十 条　【律师事务所、律师履行法律援助义务的年度考核】………………………………… 96

7

第六章　法律责任

第六十一条　【法律援助机构及其工作人员的法律责任】 ……… 97

第六十二条　【律师事务所、基层法律服务所的法律责任】 …… 97

第六十三条　【律师、基层法律服务工作者的法律责任】 ……… 98

第六十四条　【受援人的法律责任】 ………………………………… 99

第六十五条　【冒用法律援助名义提供法律服务并谋利
的法律责任】 ……………………………………… 99

第六十六条　【国家机关及其工作人员渎职的责任】 …………… 99

第六十七条　【刑事责任】 ………………………………………… 100

第七章　附　则

第六十八条　【群团组织开展法律援助的法律适用】 …………… 100

● 典型案例

吉林省长春市宽城区法律援助中心对赵某某离婚财
产纠纷提供法律援助案 ……………………………………… 100

第六十九条　【对外国人和无国籍人提供法律援助的法
律适用】 ……………………………………………… 101

第 七 十 条　【对军人军属提供法律援助办法的制定】 ………… 101

● 典型案例

1. 广州市法律援助处对抗美援朝老兵高某波返还原
物纠纷提供法律援助案 ………………………………… 102

2. 浙江省金华市磐安县法律援助中心为军属范某某
交通事故责任纠纷提供法律援助案 ……………………… 104

第七十一条　【实施日期】 105

附　录

中华人民共和国未成年人保护法（节录）............... 106
　　（2020 年 10 月 17 日）
中华人民共和国老年人权益保障法（节录）........... 107
　　（2018 年 12 月 29 日）
中华人民共和国刑事诉讼法（节录）..................... 108
　　（2018 年 10 月 26 日）
中华人民共和国残疾人保障法（节录）................. 110
　　（2018 年 10 月 26 日）
中华人民共和国律师法（节录）............................. 111
　　（2017 年 9 月 1 日）
法律援助条例... 114
　　（2003 年 7 月 21 日）
办理法律援助案件程序规定................................. 121
　　（2023 年 7 月 11 日）
军人军属法律援助工作实施办法......................... 131
　　（2023 年 2 月）
法律援助志愿者管理办法..................................... 139
　　（2021 年 12 月 31 日）
最高人民法院、司法部关于为死刑复核案件被告人依法
　　提供法律援助的规定（试行）..................... 146
　　（2021 年 12 月 30 日）

关于加强退役军人法律援助工作的意见 …………………… 148
　　（2021年12月7日）
未成年人法律援助服务指引（试行）…………………… 153
　　（2020年9月16日）
法律援助值班律师工作办法 …………………………… 166
　　（2020年8月20日）

中华人民共和国法律援助法

（2021年8月20日第十三届全国人民代表大会常务委员会第三十次会议通过　2021年8月20日中华人民共和国主席令第93号公布　自2022年1月1日起施行）

目　录

第一章　总　　则
第二章　机构和人员
第三章　形式和范围
第四章　程序和实施
第五章　保障和监督
第六章　法律责任
第七章　附　　则

第一章　总　　则

第一条　立法目的①

为了规范和促进法律援助工作，保障公民和有关当事人的合法权益，保障法律正确实施，维护社会公平正义，制定本法。

---

①　条文主旨为编者所加，下同。

● *条文注释*

本条是关于立法目的的规定。一是规范和促进法律援助工作。二是保障公民和有关当事人的合法权益。三是保障法律正确实施。四是维护社会公平正义。

● *典型案例*

宁夏回族自治区银川市西夏区法律援助中心对王某工伤待遇赔偿提供法律援助案[①]

2017年11月1日，王某与大连某公司银川分公司签订劳动合同，在该公司从事环卫工作，劳动合同期限为2017年11月1日至2019年3月31日。但公司在此期间未为王某缴纳社保。2018年11月11日，王某因交通事故导致工伤，经鉴定伤残等级为七级，无护理依赖，停工留薪期6个月。2019年5月22日，该公司与王某进行协商，公司在不解除劳动合同的前提下赔偿王某5.6万元，含所有工伤赔偿项目，并签订《工伤赔偿协议》。但实际上，公司却在协议中约定解除了双方之间的劳动关系，并办理解除备案。公司实际支付给王某的赔偿金额仅4.2万元，剩余部分一直未支付，双方就此发生纠纷。

王某到银川市西夏区法律援助中心申请法律援助，因王某无经济来源，符合法律援助条件，西夏区法律援助中心审查通过后，指派某律师事务所袁律师为王某提供法律援助。袁律师接到指派后，及时与王某办理了法律援助手续，并深入了解案件的详细情况，仔细核对了王某提供的证据及相关材料。由于王某与公司已经签订过《工伤赔偿协议》，因此，撤销《工伤赔偿协议》成为本案关键，决定了能否帮

---

① 《宁夏回族自治区银川市西夏区法律援助中心对王某工伤待遇赔偿提供法律援助案》，载中国法律服务网，http://alk.12348.gov.cn/Detail?dbID=46&dbName=FYGL&sysID=22806，最后访问时间：2023年12月2日。

助王某获取赔偿。袁律师多次与王某进行沟通了解，并结合相关证据材料发现，王某与公司签订的赔偿协议存在重大违法之处：其一，双方在协商并签订协议过程中，关于是否解除劳动关系问题上，王某是坚决不同意的。但《工伤赔偿协议》内容里面却约定解除了劳动关系，因此，王某对于《工伤赔偿协议》中关于解除劳动关系的内容存在重大误解。其二，根据王某的伤残等级以及停工留薪期等情况，根据法律规定，应当获得的工伤待遇赔偿金额为16万元左右，但实际上，公司在王某不了解工伤赔偿待遇标准，也未详细向王某陈述具体赔偿项目以及应有的权利义务的情况下，在《工伤赔偿协议》中约定全部赔偿金额仅为5.6万元，其赔偿金额远低于法定赔偿标准，对于王某而言，显失公平。承办律师建议王某先行起诉，撤销双方签订的《工伤赔偿协议》。

西夏区人民法院审理后认为该协议内容确实存在显失公平之处，并依法撤销了《工伤赔偿协议》。后该公司不服提起上诉，二审法院审理后依法驳回了上诉，维持原判。待《工伤赔偿协议》撤销后，承办律师根据王某的情况以及相关证据向西夏区劳动仲裁委员会提交了仲裁申请，主张相应的工伤赔偿。仲裁委审理后，裁决用人单位再向王某支付12.6万余元赔偿款，加上此前已支付的4.2万元，合计16.8万元。

本案属于典型的劳动者与用人单位因协商处理工伤赔偿待遇所引发的纠纷。作为劳动者，本身对法律的理解存在缺失，而用人单位利用劳动者不懂法，在不向劳动者详细讲解赔偿项目、赔偿标准等内容的情况下，与劳动者签署不公平不公正的赔偿协议，进而损害劳动者的合法权益。本案中，通过撤销劳动者与用人单位签订的《工伤赔偿协议》，进而重新主张工伤赔偿，维护其合法权益，在一定意义上，可以给用人单位以警示，警示用人单位在以后发生类似事件时，应按照法律规定在公平、公正的基础上与劳动者协商赔偿项目、赔偿标准等内容。同时，本案例对于普通劳动者而言，也具有一定借鉴意义，即便劳动者在不知情的情况下，签订损害其合法权益的协议，也可以通过撤销合同的方式，将存在显失公平、重大误解的协议予以撤销，重新主张相应的权益。

本案在法律援助中心及法律援助律师的全力帮助下，依法维护了王某作为劳动者的合法权益，充分体现了法律援助"救济弱者、匡扶正义"的意义。

● *相关规定*

《法律援助条例》第1条；《关于促进律师参与公益法律服务的意见》；《关于律师开展法律援助工作的意见》；《关于依法保障律师执业权利的规定》

第二条　概念

本法所称法律援助，是国家建立的为经济困难公民和符合法定条件的其他当事人无偿提供法律咨询、代理、刑事辩护等法律服务的制度，是公共法律服务体系的组成部分。

● *条文注释*

可以从四个方面来理解法律援助的概念：首先，法律援助是国家建立的一项法律制度，体现了国家责任。明确国家责任有利于动员更多力量参与法律援助，不仅政府有责任，立法机关、司法机关以及社会各方面都有责任。其次，法律援助的对象是经济困难公民和符合法定条件的其他当事人。第一，法律援助的对象是自然人，不包括法人等组织；第二，法律援助的对象不仅包括经济困难公民，还包括符合法定条件的其他当事人。再次，法律援助是一种无偿提供的法律服务。简单理解，法律援助就是让贫困和其他弱势群体打得起官司、打得赢官司。最后，法律援助是公共法律服务体系的组成部分。

● **典型案例**

1. 北京市法律援助中心对马某确认劳动关系纠纷提供法律援助案（《司法部发布贯彻实施法律援助法典型案例》之一）①

赵某于2020年10月入职北京某运输公司（以下简称公司），承担冰箱、洗衣机等大件家电的派单上门送货工作，双方就工作事宜进行了口头约定，未签订书面劳动合同。自2020年11月开始，赵某使用自己的电动三轮车进行送货。2021年5月5日，赵某在送货途中突然死亡，被医院认定死亡原因是猝死。赵某的配偶马某与公司协商赔偿事宜，公司以双方不存在劳动关系为由拒绝赔偿。马某向北京市西城区法律援助中心申请法律援助，西城区法律援助中心受理并审查后，指派某律师事务所丁律师承办该案。承办律师帮助马某向西城区劳动人事争议仲裁委员会提出仲裁请求，要求确认赵某与公司的劳动关系。2021年8月16日，西城区劳动人事争议仲裁委员会作出裁决，确认双方存在劳动关系。公司不服仲裁裁决向西城区人民法院提起诉讼。2022年4月20日，西城区人民法院作出一审判决，确认双方存在劳动关系。一审中，丁律师继续受北京市西城区法律援助中心指派提供法律援助。

公司不服一审判决，提出上诉。2022年5月18日，马某到北京

---

① 《司法部发布贯彻实施法律援助法典型案例》，载司法部网站，http://www.moj.gov.cn/pub/sfbgw/jgsz/jgszzsdw/zsdwflyzzx/flyzxgzdt/202308/t20230829_485225.html，最后访问时间：2023年11月23日。下文同一出处案例不再做提示。

5

市法律援助中心申请法律援助。北京市法律援助中心认真研究了案件情况,从熟悉案情、保证援助质量出发,指派丁律师继续承办该案。承办律师接到指派后立即开展工作,了解公司上诉理由,进一步深入剖析案情证据,归纳争议焦点,补充证据材料,为二审庭审做足庭前工作。在对案件相关证据进行研究分析后,承办律师从认定劳动关系的三要素出发,提出了代理意见:公司与赵某之间符合法律、法规规定的劳动关系主体资格;赵某在工作中接受公司的管理、指挥和监督,赵某与公司存在从属关系;赵某所提供的劳动成果是公司业务的组成部分,公司向赵某支付劳动报酬。

2022年10月24日,北京市第二中级人民法院作出终审判决,驳回上诉请求,维持原判,确认了赵某与公司的劳动关系。案件结束后,受援人马某依据终审判决确认的劳动关系另行向西城区劳动人事争议仲裁委员会提起劳动仲裁,要求公司支付一次性工伤死亡补助金、丧葬补助金、供养亲属抚恤金等费用,已获仲裁委支持。

本案是一起典型的劳动关系确认案件。本案中,涉案人赵某死亡,对于全面准确核实和获得证据材料有一定影响。承办律师从认定劳动关系的三要素出发,积极调查补强证据,深入论证分析,最终维护了受援人的合法权益,为后续依法申请赔偿奠定了良好的法律基础。市、区法律援助中心接力援助,承办律师在仲裁、一审、二审三个阶段提供法律援助服务,最终取得了令受援人满意的结果。

2. 上海市闵行区法律援助中心对农民工刘某某工伤赔偿提供法律援助案(《司法部发布贯彻实施法律援助法典型案例》之二)

2020年9月,重庆籍农民工刘某某来到上海务工,通过上海某劳务公司派遣至奉贤区某工地工作。同年11月23日,刘某某在工地作业时被倒下的钢管砸伤。后经申请认定为工伤,鉴定结论为伤残八级。2021年11月17日，刘某某来到上海市闵行区法律援助中心进行法律咨询，同时申请法律援助。闵行区法律援助中心受理并审查后，指派某律师事务所刘律师承办该案。

承办律师了解到，劳务公司与刘某某约定工资为400元/天，按实际工作天数计算，工作期间刘某某实际月平均工资为8000余元，双方未签订劳动合同，劳务公司未缴纳员工社会保险。事发后，劳务公司通过工程项目参保申请工伤认定，并前往社保局办理工伤赔偿手续。同时，劳务公司以办理工伤赔偿需要补签劳动合同等材料为由，将事先准备好的劳动合同、辞职信让刘某某签字，其中补签的劳动合同中对于工资约定为每月4000元，180元/天。后社保局向刘某某支付了一次性伤残补助金、一次性工伤医疗补助金，但劳务公司拒绝支付一次性伤残就业补助金、停工留薪期待遇、交通费等。

2021年11月22日，承办律师向闵行区劳动仲裁委提交了仲裁申请。2022年1月27日，闵行区劳动仲裁委作出裁决，由劳务公司支付刘某某一次性伤残就业补助金差额3042元和2020年11月24日至2021年4月8日期间的停工留薪工资差额6603.45元。刘某某收到裁决书后当即表示不服，希望继续委托承办律师提供代理诉讼服务。2022年2月9日，承办律师将诉讼材料提交至上海市闵行区人民法院进行立案。2022年2月23日，与劳务公司授权委托人员进行电话沟通时，承办律师表示：一次性伤残就业补助金有明确规定的计算标准，劳务公司应当足额支付；停工留薪期薪资按规定应以员工实际原有薪资计算，停工留薪期间工资应有10万余元；劳务公司为员工购买的意外险，理赔款应当是直接给被保险人的，劳务公司无权要求保险公司直接将理赔款支付给公司。承办律师与用人单位初步达成了一致意见。2022年2月25日，承办律师约见劳务公司的授权委托人，双方达成协议：劳务公司补足仲裁裁决所确定的差额9645.45元，另外再增加100354.55元补偿给刘某某。当日，劳务公司将上述款项转账至刘某某银行账户。2022年2月28日，承办律师向闵行区人民法院提交撤诉申请，闵行区人民法院出具民事裁定书，本案正式终结。

本案是一起典型的农民工工伤赔偿案件。本案中，因入职时双方未签订劳动合同，对受援人遭受工伤后依法追讨赔偿造成了影响。承办律师接受指派后，从维护当事人实际利益出发，深入了解研究案情，在仲裁裁决仅支持受援人部分请求的情况下，依法提出有针对性的代理意见，与劳务公司进行沟通协商，并最终促成双方达成一致意见，解决了双方劳动争议问题，有效维护了受援人的合法权益。

3. 郑州市郑东新区法律援助中心为徐某等21名农民工劳务合同纠纷提供法律援助案（《河南省法律援助中心发布全省农民工欠薪求助法律援助典型案例》）[①]

2022年4月至6月，求助人徐某等21名农民工到郑州市××区的××项目工地从事楼墙体外立面喷真石漆、刷漆等工作，与××装饰公司的项目负责人刘某口头约定每人每日劳务费为400元。在此期间，××劳务公司向徐某等人每人支付3000元的劳务费及生活费。经徐某等人计算，尚欠21人共计251470元劳务费。因多次催要无果，为维护自身合法权益，徐某等21人通过中国法律服务网"农民工欠薪求助绿色通道"进行求助。

郑州市郑东新区法律援助中心收到求助信息后，安排律师为当事人提供法律咨询，徐某等人同时提出法律援助申请。郑东新区法律援

[①]《河南省法律援助中心发布全省农民工欠薪求助法律援助典型案例》，载司法部网站，http://www.moj.gov.cn/pub/sfbgw/jgsz/jgszzssdw/zsdwflyzzx/flyzzxgzdt/202311/t20231118_489842.html，最后访问时间：2023年11月24日。下文同一出处案例不再做提示。

助中心受理并审查后，指派某律师事务所白律师承办该案。承办律师在接受指派当日分批会见了徐某等人，详细了解案情，发现受援人仅有打卡照片、转款银行流水及徐某与刘某的微信聊天截图等证据后，认为受援人目前持有的证据材料，无法证明劳务费支付标准及每人的总劳务费，缺少劳务费结算的相关证据。经查询相关案例，承办律师了解到案涉项目由××建设公司承建，分包单位为××劳务公司，现有证据也不能证明××装饰公司、刘某与案涉项目之间的关系。加上徐某等人联系不上刘某，也没有刘某的身份信息，案件陷入僵局。

后承办律师多次与受援人沟通，发现了隐藏在21位受援人中的包工头于某，并得知于某手中可能持有本案的关键证据。于某因害怕承担法律责任，不愿承认包工头身份，且拒绝提供相关材料。在承办律师的耐心沟通下，于某提供了其与××装饰公司签订的分包合同以及刘某出具的劳务报酬明细单。承办律师结合证人证言等其他证据分析认为，引发本案的原因在于案涉项目的建设单位资金紧张，层层拖欠工程款，从而导致拖欠21名农民工工资的群体性纠纷，故决定将建设单位、总承包单位、施工单位和劳务分包单位全部列为被告，以保障徐某等21名农民工能顺利拿回拖欠的劳务费。

本案于2023年2月23日通过人民法院诉讼服务系统立案，并于次日分派至诉调中心。为尽快帮助工友讨回欠薪，承办律师多次与案涉项目的建设单位、总承包单位、劳务分包单位进行沟通，最终促使双方达成和解。徐某等21人于2023年3月7日收到全部案涉款项并表示同意结案后，承办律师向法院提起撤诉，案件结案。

● **相关规定**

《律师法》第28条；《法律援助条例》第2条；《关于刑事诉讼法律援助工作的规定》第5条；《办理法律援助案件程序规定》第1~7条

第三条 基本原则

法律援助工作坚持中国共产党领导，坚持以人民为中心，尊重和保障人权，遵循公开、公平、公正的原则，实行国家保障与社会参与相结合。

● *条文注释*

本条是关于法律援助工作基本原则的规定。坚持什么样的立法原则和指导思想，是制定本法的首要问题。法律援助工作基本原则贯穿于全部法律援助具体规范之中，对法律援助工作实施具有普遍指导意义，是基础性、本源性的法律准则。[1]

第四条 法律援助保障体系

县级以上人民政府应当将法律援助工作纳入国民经济和社会发展规划、基本公共服务体系，保障法律援助事业与经济社会协调发展。

县级以上人民政府应当健全法律援助保障体系，将法律援助相关经费列入本级政府预算，建立动态调整机制，保障法律援助工作需要，促进法律援助均衡发展。

● *相关规定*

《法律援助条例》第3条、第5条

---

[1] 江必新、夏道虎主编：《中华人民共和国法律援助法条文解读与法律适用》，中国法制出版社2022年版，第9页。

第五条　法律援助工作指导监督

国务院司法行政部门指导、监督全国的法律援助工作。县级以上地方人民政府司法行政部门指导、监督本行政区域的法律援助工作。

县级以上人民政府其他有关部门依照各自职责，为法律援助工作提供支持和保障。

● **相关规定**

《法律援助条例》第4条

第六条　公检法机关保障职责

人民法院、人民检察院、公安机关应当在各自职责范围内保障当事人依法获得法律援助，为法律援助人员开展工作提供便利。

● **典型案例**

1. 广州市法律援助处对赖某等3人海上人身损害责任纠纷提供法律援助案（《广东省司法厅发布2021年民事法律援助典型案例》）[①]

2019年6月6日，新婚不久的潜水员陈某，与马某共同受青岛某船务公司（船舶承租公司）雇请，为其租赁甲某航运公司（船舶所属公司）的轮船进行船底探摸作业。6月7日，广东某船务公司（船务代理公司）以其员工身份为陈某、马某办理了登轮许可证。陈某、马某向甲某航运公司（船舶所属公司）询问具体工作要求并下水进行探摸作业，陈某在作业过程中不幸溺水身亡。9月27日，安全生产监督管理局作出《事故

---

① 《广东省司法厅发布2021年民事法律援助典型案例》，载司法部网站，http://www.moj.gov.cn/pub/sfbgw/jgsz/jgszzsdw/zsdwflyzzx/flyzzxgzdt/202112/t20211221_444209.html，最后访问时间：2023年11月23日。下文同一出处案例不再做提示。

调查报告》，认定陈某对事故负有主要责任，马某、广东某船务公司（船务代理公司）、青岛某船务公司（船舶承租公司）对事故负有责任。

2020年4月23日，赖某（陈某妻子）等3人向广州市法律援助处申请法律援助，广州市法律援助处指派某律师事务所唐某、连某两位律师承办本案。

2020年6月15日，该案以"海上人身损害责任纠纷"向广州海事法院提起诉讼，要求甲某航运公司（船舶所属公司）、青岛某船务公司（船舶承租公司）、广东某船务公司（船务代理公司）、共同作业潜水员马某等四被告连带赔偿死亡赔偿金、丧葬费、被扶养人生活费等合计996992.5元。

2020年9月28日，广州海事法院组织对本案进行开庭审理。庭审时，承办律师凭借熟悉海运及船舶相关法律专业知识的特长，就甲某航运公司（船舶所属公司）、青岛某船务公司（船舶承租公司）、广东某船务公司（船务代理公司）以及共同作业潜水员马某的过错严重程度逐一质证，并在法庭辩论阶段详细阐述四被告应该承担责任的依据。

庭审后，基于甲某航运公司（船舶所属公司）、青岛某船务公司（船舶承租公司）为境外公司，为避免涉外案件审理周期长、执行难的情况出现，承办律师充分考虑双方证据、主张的强弱、案件胜败的前景判断、诉讼成本、案件对受援人利益的其他影响，征得受援人同意后，向法院表达了调解意愿。在法院给出60万元总额的建议数后，承办律师坚持总额不能少于70万元，经过多方多次协商沟通，最终在2020年12月31日，受援人与四被告签订《和解协议》，广州海事法院据该《和解协议》当天出具了（2020）粤72民初640号民事调解书。四被告在2021年1月4日共向受援人方支付了全部和解款73万元，受援人权益得到最大限度的保障。

2. 四川省某县法律援助中心对未成年人赵某某涉嫌盗窃罪提供法律援助案（《司法部发布贯彻实施法律援助法典型案例》之四）

2022年5月1日，牛某发现一些小区门口停放的一些小汽车未及时上锁，便约赵某某、刘某甲、刘某乙对未上锁的汽车实施盗窃。同日22时，牛某等4人在某酒店停车场附近寻找作案目标时，发现一辆黑色奔驰车未关闭车窗，便由牛某带领刘某甲、刘某乙在四周"望风"，由赵某某钻入车内盗窃了一个黑色背包（内有现金800元及一副蓝牙耳机）。5月20日零时许，赵某某又约牛某采用上述方式进入一辆小轿车内，盗窃车内现金人民币1330元。

本案经四川省某县公安局侦查终结后，移送某县人民检察院审查起诉。由于赵某某犯罪时是未成年人且没有委托辩护人，某县人民检察院通知某县法律援助中心为其指派辩护律师。该法律援助中心指派某律师事务所冯律师承办该案。通过与受援人的父母多次沟通、交换意见，以及阅卷与会见，承办律师认为：赵某某作为犯罪时未满18周岁的未成年人，由于早年辍学，较早步入社会，沾染了一些社会不良习气、好逸恶劳。但赵某某涉世不深，应考虑如何更好地教育挽救他，让其回归正常生活。为此，承办律师提出如下辩护意见：一是赵某某归案后如实供述犯罪事实，系坦白；二是赵某某案发时未满18周岁，且自愿认罪认罚，可以依法从轻或者减轻处罚；三是由于赵某某处于生理发育和心理发展的特殊时期，心智尚不成熟，本着教育为主、惩罚为辅的原则，建议检察机关作出不起诉或附条件不起诉的决定。

2022年9月，某县人民检察院采纳了承办律师的辩护意见。根据《中华人民共和国刑法》第二百六十四条规定，赵某某的行为可能判处一年以下有期徒刑，但赵某某具有坦白、认罪认罚、积极赔偿并取得谅解等法定和酌定从轻处罚情节。考虑到赵某某的认罪、悔罪情节，根据《中华人民共和国刑事诉讼法》第二百八十二条第一款的规定，某县人民检察院对赵某某作出附条件不起诉决定，考验期六个月。

本案是一起涉及未成年人刑事犯罪、由人民检察院通知辩护的案件。承办律师将工作重点放在提出合理化的量刑建议上，指出受援人犯罪时尚未成年，有坦白、认罪认罚等法定情节，建议人民检察院作出不起诉或附条件不起诉的决定，并最终被人民检察院采纳。承办律师在办案中，充分考虑未成年人身心发育特点，从人性化角度提供尽可能的帮助，让当事人感受到社会温暖，有利于其今后更好地生活成长。

● *相关规定*

《关于推进以审判为中心的刑事诉讼制度改革的意见》；《最高人民检察院关于依法保障律师执业权利的规定》第4条；《关于依法保障律师执业权利的规定》第2条、第14条

第七条　行业协会职责

律师协会应当指导和支持律师事务所、律师参与法律援助工作。

● *相关规定*

《律师法》第28条、第42条；《法律援助条例》第8条；《关于刑事诉讼法律援助工作的规定》第26条

第八条　群团组织、事业单位、社会组织的法律援助

国家鼓励和支持群团组织、事业单位、社会组织在司法行政部门指导下，依法提供法律援助。

● *相关规定*

《法律援助条例》第8条；《社会团体登记管理条例》；《民办非企业单位登记管理暂行条例》；《基金会管理条例》；《事业单位登记管理暂行条例》

第九条　社会力量支持

国家鼓励和支持企业事业单位、社会组织和个人等社会力量，依法通过捐赠等方式为法律援助事业提供支持；对符合条件的，给予税收优惠。

● *条文注释*

本条是关于国家鼓励和支持社会力量为法律援助事业提供支持的规定。根据本条规定，社会力量可以通过捐赠等方式为法律援助事业提供支持，符合法定条件的，可以享受税收优惠。

● *相关规定*

《法律援助条例》第7~8条；《法律援助志愿者管理办法》

第十条　法律援助宣传教育

司法行政部门应当开展经常性的法律援助宣传教育，普及法律援助知识。

新闻媒体应当积极开展法律援助公益宣传，并加强舆论监督。

● *典型案例*

陕西省西安市蓝田县法律援助中心对贫困户罗某某追讨购砖款提供法律援助案（《司法部发布12起法援惠民生典型案例》之十）[①]

61岁的罗某某是陕西省西安市某村村民，长期患有慢阻肺，妻子身体也不好，属于该村建档立卡贫困户。2016年1月5日，罗某某向张某某预订5万块机砖，准备翻新旧房，并向张某某支付了货款1.1万元。2016年7月，张某某开办的砖厂被政府关闭，不再生产机砖。得知此事后，罗某某多次找张某某要求退还购砖款，但张某某总以各种理由予以拒绝。无奈之下，罗某某要求从张某某停办的砖厂中拉走8000块废品砖，张某某同意，但剩下的砖款张某某仍然没有退还。

2020年5月，西安市法律援助中心派往某村扶贫的马律师得知此事后，及时向法律援助中心反映了情况。西安市法律援助中心认为罗某某的情况符合法律援助条件，由马律师和蓝田县法律援助中心进行联系，帮助罗某某申请法律援助。

2020年7月13日，罗某某来到蓝田县法律援助中心。蓝田县法律援助中心开启"绿色通道"，当即受理了罗某某的法律援助申请，并指派某律师事务所律师雷某承办此案。承办律师接受指派后，马上书写起诉状，带领罗某某到法院立案，当天办完了所有诉讼手续。

法院立案后，法律援助承办律师开始庭审准备工作。由于罗某某支付购砖款已经过去四年多时间，且张某某的机砖厂没有任何手续，如果证据准备不够充分，罗某某极有可能败诉。承办律师走访了曾经在机砖厂购买过机砖的50余户人家，还上门拜访了曾经和罗某某一

[①] 《司法部发布12起法援惠民生典型案例》，载司法部网站，http://www.moj.gov.cn/sfbsearch/index.html#/search/completeSearch，最后访问时间：2023年11月23日。下文同一出处案例不再提示。

起去张某某家协商此事的帮扶干部。在承办律师和扶贫干部的辛勤努力下，终于取得了支持该案胜诉的全部证据。

2020年8月13日，蓝田县人民法院适用简易程序审理此案，法庭当庭认定了法援律师提供的全部证据。8月21日，法院作出一审判决，判令被告张某某在判决书生效后十日内返还原告罗某某购砖款9240元。

本案是一起法律援助助力脱贫攻坚的典型案例。驻村扶贫的律师发现案情后，主动将情况反映给法律援助中心，法律援助中心及时伸出援手，指派律师帮助受援人讨回了购砖款。此举不仅有力地维护了农村贫困户的合法权益，同时也向困难群众宣传了法律援助知识，提高了农村群众依法维权的法治意识。

第十一条　突出贡献的表彰奖励

国家对在法律援助工作中做出突出贡献的组织和个人，按照有关规定给予表彰、奖励。

● **条文注释**

法律援助类行政奖励既是法律明确规定的，也是政府公开承诺的，在整个评选过程中，应符合程序正当原则，遵循诚信原则，评选流程公开透明，依法表彰奖励实事求是，表彰奖励与受奖行为相当，精神奖励与物质奖励相结合，切实增强法律援助的规范性和社会效益。[①]

● **相关规定**

《法律援助条例》第9条；《最高人民法院关于适用〈中华人民共和国刑事诉讼法〉的解释》第44条

[①] 江必新、夏道虎主编：《中华人民共和国法律援助法条文解读与法律适用》，中国法制出版社2022年版，第28页。

第二章　机构和人员

第十二条　法律援助机构职责

县级以上人民政府司法行政部门应当设立法律援助机构。法律援助机构负责组织实施法律援助工作，受理、审查法律援助申请，指派律师、基层法律服务工作者、法律援助志愿者等法律援助人员提供法律援助，支付法律援助补贴。

● *实用问答*

问：法律援助机构的职责包括什么？

答：1. 受理、审查法律援助申请。受理，是指接收公民的法律援助申请，一般表现为接收法律援助申请材料。审查，内容一般包括法律援助的管辖和法律援助条件，经审查后作出是否给予法律援助的决定。

2. 指派律师、基层法律服务工作者、法律援助志愿者等法律援助人员提供法律援助。

3. 支付法律援助补贴。根据《关于完善法律援助补贴标准的指导意见》，法律援助补贴是指法律援助机构按照规定支付给社会律师、基层法律服务工作者、社会组织人员等法律援助事项承办人员（不含法律援助机构工作人员，以及其他承办法律援助事项的具有公职身份的基层法律服务工作者、社会组织人员）所属单位的费用。

● *相关规定*

《法律援助条例》第 4 条、第 19 条；《关于刑事诉讼法律援助工作的规定》第 15 条

第十三条 法律援助人员

法律援助机构根据工作需要，可以安排本机构具有律师资格或者法律职业资格的工作人员提供法律援助；可以设置法律援助工作站或者联络点，就近受理法律援助申请。

● *实用问答*

问：法律援助工作站和联络点的职责是什么？

答：受理法律援助申请，也就是接收群众提交法律援助的申请材料，经初步审查，认为符合法律援助条件的，可以当场受理并及时将申请材料转交给有管辖权的法律援助机构，也可以协助群众通过法律援助服务网或者其他网上渠道申请法律援助。此外，法律援助工作站或者联络点可以提供法律援助咨询解答、代写法律文书、宣传法律援助制度等法律服务。有的法律援助工作站还负责协助法律援助机构开展经济困难状况核查。

● *典型案例*

内蒙古自治区鄂尔多斯市东胜区法律援助中心对万某工伤赔偿纠纷提供法律援助案（《司法部发布12起法援惠民生典型案例》之一）

万某是在某公共交通集团有限公司担任驾驶员的外来务工人员。2018年9月，万某上班期间在公司驻站加油站加油时，发现车辆底部漏油，在清理完漏油部分起身时不慎摔倒，致使其受伤。经医院诊治，万某被确诊为脑损伤引发脑出血，被认定为工伤，劳动能力鉴定为八级伤残，属于部分丧失劳动能力。

万某就伤残补助金等赔偿问题多次找公司协商未果，于2020年5月13日来到内蒙古自治区鄂尔多斯市东胜区法律援助中心寻求帮助。东胜区法律援助中心审核万某提交的材料后，认为其符合法律援助条件，指派律师刘某办理该案。

法律援助承办律师接受指派后，向万某了解案件详细情况。为早日解决赔偿事宜，律师主动与公司相关负责人联系并进行多次协商，指出除工伤保险赔偿金外，公司依照法律规定还应支付其一次性用餐补助金差额，一次性就业补助金，停工留薪期工资，工伤保险未报销的医疗费用，治疗期间的误工费、护理费、伙食费、交通费及解除劳动关系的经济补偿金等，希望公司能够从人性化的角度和依法办事的原则出发，不要逃避责任，给予万某应得的赔偿。至此，双方态度有所缓解，但仍因赔偿数额差距较大不能达成一致意见。律师认为仅靠调解方式不易解决纠纷，建议万某申请劳动仲裁。

在承办律师的帮助下，万某向劳动争议仲裁机构提出了申请。劳动仲裁委受理案件后，公司开始主动寻求调解。最终，在法律援助承办律师和仲裁员共同努力下，顺利化解了纠纷，以公司给付万某赔偿金16万元达成和解协议，由劳动仲裁委出具调解书结案。

本案是一起典型的农民工请求工伤赔偿纠纷。本案法律援助承办律师通过运用调解、劳动仲裁方式，推动矛盾纠纷就地就近化解，降低了当事人的维权成本，促使受援人获得足额赔偿金，有效维护了受援人的合法权益。

● **相关规定**

《刑事诉讼法》第304条；《法律援助条例》第5条、第17条、第24条；《办理法律援助案件程序规定》第9条；《最高人民法院关于适用〈中华人民共和国刑事诉讼法〉的解释》第485条

第十四条　派驻值班律师

法律援助机构可以在人民法院、人民检察院和看守所等场所派驻值班律师，依法为没有辩护人的犯罪嫌疑人、被告人提供法律援助。

● **条文注释**

值班律师，是指法律援助机构在看守所、人民检察院、人民法院等场所设立法律援助工作站，通过派驻或安排的方式，为没有辩护人的犯罪嫌疑人、被告人提供法律帮助的律师。本条主要规定三个方面内容：一是值班律师派驻机关；二是值班律师派驻场所；三是值班律师援助对象。

1. 值班律师派驻机关。本条明确规定，值班律师是以法律援助名义派驻，这与《刑事诉讼法》《法律援助值班律师工作办法》等法律规范保持一致。无论是法律援助机构中具有律师执业资格的工作人员，还是律师事务所的执业律师，都应当由法律援助机构统一派驻。

2. 值班律师派驻场所。《刑事诉讼法》第36条第1款规定值班律师可以在人民法院、看守所等场所派驻；《法律援助值班律师工作办法》第2条进一步明确在人民检察院也可以派驻值班律师；本条规定是对《法律援助值班律师工作办法》第2条规定的立法吸收，从而实现刑事案件从侦查、审查起诉、审判等不同刑事诉讼阶段的法律援助全流程覆盖。本条规定中"等场所"的"等"是等外等，按照《法律援助值班律师工作办法》第35条规定，国家安全机关、中国海警局、监狱履行刑事诉讼法规定职责，涉及值班律师工作的，适用该办法有关公安机关的规定。因此，法律援助机构也可以在国家安全机关、中国海警局、监狱等场所派驻值班律师。

3. 值班律师援助对象。根据本条规定，值班律师是向"没有辩护人的犯罪嫌疑人、被告人"这一特定对象提供刑事法律援助。《刑事诉讼法》第14条第1款规定："人民法院、人民检察院和公安机关应当保障犯罪嫌疑人、被告人和其他诉讼参与人依法享有的辩护权和其他诉讼权利。"辩护权是犯罪嫌疑人、被告人依法享有的基本权利之一；同时该法第33条、第34条规定，犯罪嫌疑人、被告人及其监护人、近亲属可以委托辩护人。因此，对于犯罪嫌疑人、被告人已经委托辩护人的，就不属于值班律师提供法律援助的对象。[1]

● *相关规定*

《刑事诉讼法》第35~36条、第39条、第278条；《公安机关办理刑事案件程序规定》第49条；《最高人民法院关于适用〈中华人民共和国刑事诉讼法〉的解释》第44条

第十五条 政府采购

司法行政部门可以通过政府采购等方式，择优选择律师事务所等法律服务机构为受援人提供法律援助。

● *相关规定*

《政府采购法》第22条；《律师法》第42条；《法律援助条例》第6条；《关于刑事诉讼法律援助工作的规定》第26条；《律师执业管理办法》第45条

---

[1] 江必新、夏道虎主编：《中华人民共和国法律援助法条文解读与法律适用》，中国法制出版社2022年版，第36~37页。

第十六条　法律援助主体及保障

律师事务所、基层法律服务所、律师、基层法律服务工作者负有依法提供法律援助的义务。

律师事务所、基层法律服务所应当支持和保障本所律师、基层法律服务工作者履行法律援助义务。

● **典型案例**

1. 东莞市法律援助处对林某某医疗损害责任纠纷提供法律援助案（《广东省司法厅发布 2021 年民事法律援助典型案例》）

林某某于 2016 年 9 月 3 日因意识不清跌倒被送往东莞市某民医院住院治疗，入院诊断为：1. 一过性意识不清查因：短暂性脑缺血发作；癫痫；2. 高血压病（3 级，很高危组）。2016 年 9 月 19 日出院，出院诊断为：后循环缺血；脑动脉硬化等。2016 年 9 月 27 日，林某某因反复头痛 20 天等再次被送到东莞市某民医院住院治疗，于 2016 年 9 月 30 日出院，出院诊断为：1. 紧张型头痛；2. 高血压病（2 级，很高危组）；3. 硬膜下积液；等等。2016 年 11 月 22 日，林某某因反复头痛 2 月余被送往东莞某心医院住院治疗，于 2016 年 11 月 23 日行局麻下床边行双侧额颞顶枕慢性硬膜下血肿锥颅血肿清除+置管引流术，于 2016 年 11 月 27 日行后颅窝开颅、左侧小脑血肿清除术。术后深度昏迷 2 月余，到 2017 年 1 月 25 日才苏醒，但已近乎全身瘫痪，语言及运动能力基本丧失。林某某于 2017 年 5 月 8 日出院，出院诊断为：1. 左侧小脑出血；2. 双侧额颞顶枕慢性硬膜下血肿；3. 高血压 2 级（很高危组）；等等。同日，林某某被送往东莞市中医院住院治疗至今。

2016 年 12 月 6 日，医患双方经东莞市医疗争议专业调解委员会进行调解，调解不成。2016 年 12 月底，患者林某某家属来到东莞市法律援助处申请法律援助，东莞市法律援助处指派现某律师事务所郭律师担任林某某在诉讼阶段的代理人。

承办律师接受指派后，查看了受援人林某某家属提供的证据，并认真询问了受援人家属关于受援人在东莞市某民医院、东莞某心医院整个医疗过程的具体情况及诉求，及时为受援人起草了起诉书、缓交诉讼费申请书、医疗过错司法鉴定申请书（包括两医院对患者的医疗行为是否存在过错、医疗过错与患者的医疗损害结果之间是否存在因果关系及其参与度、患者的伤残等级）等。

东莞市第一人民法院于2019年3月1日对该案进行了公开开庭审理，认为两被告应就其医疗过错行为造成原告的损失各承担10%的赔偿责任。

承办律师在收到一审判决书后，认为一审判决认定两医院医疗过错比例明显偏低，两医院过错参与度应均为20%以上。在听取了承办律师的建议后，林某某家属决定向东莞市中级人民法院提出上诉。2019年4月16日，受援人林某某家属再次向东莞市法律援助处申请法律援助。承办律师再次接受指派后，马上联系了受援人林某某家属，为林某某起草了上诉状，请求东莞市中级人民法院撤销一审判决，改判两医院对上诉人林某某的各项损失各承担20%。

东莞市中级人民法院开庭审理后，采纳了承办律师的代理意见，认定两医院应就医疗过错行为造成上诉人的损失各承担20%的赔偿责任。

2. 深圳市坪山区法律援助中心对陈某人身保险合同纠纷提供法律援助案（《广东省司法厅发布2021年民事法律援助典型案例》）

2014年5月，陈某在某保险公司投保了重疾保险。2018年3月，陈某因反复右腹痛前往甲医院治疗。住院期间进行了阑尾切除术，出院后被诊断为低级别阑尾黏液性肿瘤。2018年4月，陈某前往乙医院继续治疗，住院期间进行了根治性右半结肠切除术和热灌注化疗，出院诊断为低级别阑尾黏液性肿瘤。

2018年5月，陈某前往保险公司申请理赔，但保险公司认为陈某不属于人身保险合同约定的重疾应赔付的情形，拒绝了陈某的理赔申请。

2018年11月16日，陈某来到深圳市坪山区法律援助中心申请法律援助，坪山区法律援助中心指派熟悉保险合同纠纷的某律师事务所石律师承办该案。

承办律师接受指派后，认真研究了《疾病和有关健康问题的国际统计分类（ICD-10）》《国际疾病肿瘤分类（IOD-0）》《消化系统肿瘤WHO分类》《疾病分类与代码》（GB-T14396-2016）和《腹腔镜结肠直肠癌根治手术操作指南（2006版）》等大量医学专业书籍文献，又进一步认真研究了本案人身保险合同的相关条款，发现合同中仅对恶性肿瘤类别作出定义，未对肿瘤的形态学标准作出约定。双方签订的人身保险合同对恶性肿瘤的定义不够清晰透明，存在理解歧义，承办律师据此确定了本案的诉讼方案，即适用《中华人民共和国保险法》第三十条的规定"采用保险人提供的格式条款订立的保险合同……对合同条款有两种以上解释的……应当作出有利于被保险人和受益人的解释"。

在征询陈某的意见后，承办律师以陈某为原告，保险公司为被告，起草了《民事起诉状》，于2019年11月13日向深圳市坪山区人民法院提起民事诉讼，请求判决被告赔付原告保险金20万元。

深圳市坪山区人民法院经审理后，采纳了承办律师的意见。法院结合实际情况认定陈某所患低级别阑尾黏液性肿瘤疾病属于保险责任范围内的重大疾病，保险公司应当承担保险责任。2020年5月27日，深圳市坪山区人民法院判决被告向原告支付重大疾病保险金20万元。

该案判决生效后，受援人陈某对办理结果非常满意，并赠送锦旗"法律卫士为民解忧"感谢坪山区法律援助中心工作人员和承办律师的帮助。

3. 肇庆市封开县法律援助处对梁某仙劳务损害纠纷提供法律援助案（《广东省司法厅发布2021年民事法律援助典型案例》）

2013年1月15日17时左右，卢某强致电本村村民伍某敏，让其找人在次日早上到卢某强的农资店搬卸肥料，伍某敏随后通知梁某仙等5名村民前往。16日上午，一辆林某燕名下的货车把卢某钊依约购买的30吨肥料拉到封开县某镇卢某强的农资店处，包括梁某仙在内的5名村民打开货车搬卸肥料。在众人刚打开货车的尾门时，车上的10多包肥料因装载不好而跌出车门外。卢某强及货车司机虽提醒村民搬运时注意安全，但并未采取其他安全措施就让他们继续进行搬运。在搬运过程中，梁某仙不慎被车上坍塌下来的肥料砸伤。

事故发生后，卢某强在垫付4000元住院费后不再支付任何费用，巨额的医疗费压得梁某仙一家人喘不过气来。2015年11月2日，梁某仙来到封开县法律援助处寻求帮助。封开县法律援助处安排封开县法律援助处律师聂某承办此案。

在详细研究案件材料及与梁某仙沟通后，聂律师多次前往某镇综治中心、镇人民调解委员会、梁某仙一起做工的几名村民家中调查取证，取得了证明梁某仙与工友伍某敏等5人为卢某强搬运肥料时受伤的相关证言，但封开县人民法院作出一审判决，驳回了梁某仙的全部诉讼请求。

2016年5月5日，梁某仙再次向封开县法律援助处申请法律援助。2016年8月16日，肇庆市中级人民法院开庭审理此案。庭审过程中，聂律师根据梁某仙是被堆放的肥料发生坍塌砸伤的事实，以"堆放物倒塌致人损害"提出新的理由。2016年10月21日，肇庆市中级人民法院作出裁定，发回重审。

2017年1月7日，梁某仙再次来到封开县法律援助处申请法律援助。封开县法律援助处于当日受理后指派某律师事务所律师张某承办此案。2017年10月30日，封开县人民法院对本案作出一审判决，但仅支持了梁某仙部分诉讼请求。

梁某仙不服封开县人民法院重审后的一审判决而决定提起上诉，于2017年11月20日继续申请法律援助，封开县法律援助处当天受理并再次将本案安排给聂律师承办。2018年12月29日，肇庆市中级人民法院作出二审判决，法院判令卢某强承担60%的责任即214844.60元，卢某钊承担20%的责任即71625.86元，梁某仙自行承担20%的责任，支持了梁某仙的大部分上诉请求。

二审判决送达生效后，三方都未提出再审申请，但卢某强与卢某钊未主动履行判决确定的义务。2019年4月29日，在梁某仙的请求下，聂律师代理调解，各方最终达成调解协议，卢某强、卢某钊分别同意一次性支付205000元、65000元给梁某仙，并于当天支付完毕。

从受伤之日到本案结案，历时共6年零3个月，梁某仙拿到赔偿款后，喜极而泣，对封开县法律援助处及承办律师表示感谢。

4. 揭阳市揭西县法律援助处对杨某汉等六人机动车交通事故责任纠纷提供法律援助案（《广东省司法厅发布2021年民事法律援助典型案例》）

2020年3月27日，邓某欢驾驶粤牌面包车载着丈夫杨某田，从广州出发返回潮州。当天23时55分左右，途经甬莞高速K1237+800米处，邓某欢因没有留意到路面情况，遇险采取措施不当，致使车辆碰撞到道路右侧金属护栏而停在路面中间。但此时邓某欢、杨某田夫妇两人都没有及时下车，而是双方交换位置尝试重启汽车挪车，且因疏忽没有再次系上安全带。本次事故发生后约一分钟，陈某明驾驶闽牌重型仓栅式货车撞到横在路面的粤牌面包车的车头，造成邓某欢当场死亡，杨某田经送往医院抢救无效死亡，两车受损的二次事故。

2020年5月11日，揭阳市公安局交通警察支队作出责任事故认定：二次事故中邓某欢承担此事故的同等责任，货车司机陈某明承担此事故的同等责任，杨某田无责任。

2020年5月，因杨某汉等六亲属均行动不便，共同委托杨某田胞姐杨某燕代为向揭西县法律援助处申请法律援助。揭西县法律援助处安排该处刘律师承办。

刘律师接受指派后，多次前往交警部门调查本案交通事故以及货车所属物流公司的相关证据，调查查明漳浦县某汽车运输有限公司是肇事车辆闽牌货车的登记所有人，以及肇事车辆闽牌货车的实际控制人有肇事司机陈某明、漳浦县某物流有限公司和何某元等情况。

2020年6月22日，刘律师代理原告向揭西县人民法院提交民事起诉状和证据清单，请求判决被告某保险公司深圳分公司在机动车交通事故责任强制保险和第三者责任保险的责任限额内赔偿原告杨某汉、杨某妹、邓某信、黄某兰、杨某荣、杨某淇人民币1610000元。

揭西县人民法院于2020年10月10日依法作出一审判决，一审被告陈某明和漳浦县某汽车运输有限公司收到一审判决后不服，于2020年10月23日向揭阳市中级人民法院提起上诉。

2020年11月20日，杨某汉等人再次委托杨某燕向揭西县法律援助处申请法律援助。揭西县法律援助处指派某律师事务所张某树律师作为本案二审阶段的代理律师。2021年3月30日，揭阳市中级人民法院作出终审判决，全部支持了受援方的诉讼请求。

终审判决后，张律师第一时间联系了某保险公司深圳分公司的理赔员和连带赔偿责任人漳浦县某物流有限公司的工作人员，积极沟通理赔事宜。2021年4月，漳浦县某物流有限公司应赔付的38557.38元及诉讼费544.1元成功到账当事人杨某汉等六人的指定收款账户。2021年5月，经过与保险公司多次沟通以及在张律师的指引下,杨某汉等当事人出具相关声明书等材料递交保险公司后,某保险公司深圳分公司应赔付的1610000元及诉讼费18551.88元也成功到账当事人杨某汉等六人的指定收款账户。

● **相关规定**

《基层法律服务所管理办法》第24条;《律师事务所管理办法》第48条;《办理法律援助案件程序规定》第8~13条、第37条;《最高人民法院关于适用〈中华人民共和国民事诉讼法〉的解释》第88条

第十七条 法律援助志愿服务

国家鼓励和规范法律援助志愿服务;支持符合条件的个人作为法律援助志愿者,依法提供法律援助。

高等院校、科研机构可以组织从事法学教育、研究工作的人员和法学专业学生作为法律援助志愿者,在司法行政部门指导下,为当事人提供法律咨询、代拟法律文书等法律援助。

法律援助志愿者具体管理办法由国务院有关部门规定。

● **条文注释**

本条主要规定了高等院校、科研机构提供法律援助志愿服务的内容。第1款规定的是法律援助志愿服务的国家责任。第2款规定的是法律援助志愿者,即高等院校、科研机构的工作人员和法学专业学生可以在司法行政部门指导下进行法律援助。第3款规定的是法律援助志愿者具体管理办法由国务院有关部门规定。本条通过立法形式对法律援助的社会责任予以明确,基本形成了法律援助服务的"国家+社会"格局。[1]

---

[1] 江必新、夏道虎主编:《中华人民共和国法律援助法条文解读与法律适用》,中国法制出版社2022年版,第42页。

● **相关规定**

《志愿服务条例》第 23 条、第 32 条

第十八条　跨区域法律援助

国家建立健全法律服务资源依法跨区域流动机制，鼓励和支持律师事务所、律师、法律援助志愿者等在法律服务资源相对短缺地区提供法律援助。

● **相关规定**

《律师法》第 42 条

第十九条　依法履行职责

法律援助人员应当依法履行职责，及时为受援人提供符合标准的法律援助服务，维护受援人的合法权益。

● **典型案例**

1. 江苏省昆山市法律援助中心对赵某某送餐受伤纠纷提供法律援助案（《司法部发布 12 起法援惠民生典型案例》之四）

赵某某于 2020 年 1 月 20 日应聘做"外卖骑手"，约定按单计酬、每单 6 元。1 月 25 日，赵某某在下班途中接到外卖站点让其加班送餐的电话。赵某某在送餐途中，不慎撞到非机动车护栏倒地受伤，自行前往医院就诊。赵某某是孤儿，无钱住院治疗，被迫选择在家养伤。一个多月后，赵某某强行拆掉绷带到外卖站点上班。

赵某某是农民工，到江苏省昆山市法律援助中心咨询并申请法律援助。昆山市法律援助中心认为其情况符合法律援助条件，决定为其提供法律援助，并指派律师承办此案。承办律师接案后，注意到赵某

某没有在受伤后第一时间报警，因刚入职没有受伤前的工资流水记录，也没有书面劳动合同和社会保险交纳记录。承办律师通过深入调查取证发现，赵某某有受伤后上班时外卖站点通过第三方公司发放的工资流水，以及就受伤事故跟外卖站点沟通的录音等。结合以上证据，承办律师准备先确认劳动关系，再进行工伤认定和工伤理赔。

在仲裁阶段，承办律师就劳动关系确认多次与仲裁员沟通：赵某某是外卖站点的专职人员，站点对其有上下线的时间要求，说明其需要服从站点管理；赵某某的工资虽不设底薪，根据接单数量进行结算，但是由站点统一确认结算，应当认定其与外卖站点存在劳动关系。同时，承办律师积极与用工单位沟通，陈述赵某某生活窘迫的实际境况，希望公司能够依法给予申报工伤，尽快进行工伤赔偿。

最终，双方达成调解协议：公司与赵某某终止劳动关系，由外卖站点在三日内结算赵某某剩余工资，帮助其缓解生活困境，站点同时配合申报工伤，并在鉴定后两个月内给予工伤赔偿。

这是一起法律援助维护农民工权益的典型案例。本案中，法律援助承办律师从认定劳动关系的"三要素"着手，结合证据材料，帮助受援人成功确定与外卖站点之间的劳动关系，并积极促成双方达成调解协议，对今后处理同类案例具有参考意义。

2. 福建省厦门市翔安区法律援助中心对强某劳动合同纠纷提供法律援助案（《司法部发布12起法援惠民生典型案例》之七）

24岁的强某初中毕业后一直在山西省打工，一次偶然机会看到山西省某劳务派遣公司高薪招聘，承诺外派到福建省厦门市某电子公司工作，时薪20元且包吃包住。强某认为待遇不错，于2020年4月4日由派遣公司外派至电子公司工作。同年6月2日，强某因开空调问题与同宿舍的王某发生争执，王某辱骂强某，强某用手拉扯王某衣领,后王某报警并前往医院诊疗,经诊断为右肩部挫伤。基于此,电子公司以强某打架斗殴为由将其退回派遣公司,派遣公司解除了与强某的劳动合同。强某感到委屈,自己被开除还被拖欠6000元工资,没有任何经济来源的他生活陷入窘迫,于是,他来到厦门市翔安区法律援助中心申请法律援助。

翔安区法律援助中心认为强某的情况符合法律援助条件,受理了其法律援助申请,指派律师承办此案。承办律师介入后发现,电子公司仅是用工单位,而派遣公司是用人单位,应作为赔偿主体,便把派遣公司和电子公司一并作为被申请人提起劳动仲裁。

一个月后,本案如期开庭。派遣公司在仲裁庭上矢口否认未足额发放工资的事实,强调强某打架斗殴被解除劳动合同属于合法,并提供王某就医证明,证明右肩部受伤是强某所致。承办律师辩解称无论强某是否存在打架斗殴,工资是每位农民工最基本的生活保障,应如期如数发放。同时,门诊病历载明王某是右肩部挫伤,而电子公司提供的证据描述为强某抓住王某的衣领致其脖子挫伤,描述挫伤部位与王某就医确诊部位不同,且王某在就医当天就回公司上了班。根据证据及事实逻辑分析,承办律师提出王某诈伤且派遣公司解除劳动合同行为违法。最终,派遣公司认识到自身错误,与强某达成调解协议,派遣公司不仅支付拖欠强某的工资6000元,还额外支付赔偿金2000元。

本案中,强某作为外来农民工,身在他乡无亲无故,法律援助中心快速受理并指派律师介入,劝说强某以调解方式解决问题,保障了强某的合法权益,体现了法律援助关爱农民工、为民办实事的宗旨。

3. 青海省西宁市湟中区法律援助中心对王某某等23户农户合同纠纷提供法律援助案（《司法部发布12起法援惠民生典型案例》之十一）

2016年8月26日，青海省西宁市湟中区某村王某某等23户农户分别与某种养殖专业合作社签订牦牛代养托管协议书，约定以户为单位，将每户每人5400元的产业到户资金以托管代养牦牛的方式投入到该合作社。双方约定，合作社每年给每人分配利润700元，共计分红三年。协议期满后，合作社没有按照约定进行第三次分红，23户农户不愿意继续托管代养，想自主发展产业，故多次索要资金，可合作社均以分配利润过高，拿不出钱为由予以拒绝，农户无奈之下向法院起诉。2020年4月21日，王某某等23户农户作为申请人向西宁市湟中区法律援助中心申请法律援助。法律援助中心经审核，某村农户均为贫困人口，23户农户符合法律援助条件，指派湟中区多巴镇中心法律服务所承办此案。多巴镇中心法律服务所接到指派后，立即召开案情分析会，就本案所涉及的法律关系、法律适用、证据等问题进行认真讨论，将此案交由法律服务工作者赵某具体承办。

法律援助承办人多次深入某村，到村委会了解案情，积极取证。一番充分准备下来，承办人于2020年7月1日参加庭审，积极依法帮助农户维权。最终，湟中区人民法院作出判决，解除王某某等23户农户与被告某种养殖专业合作社签订的牦牛托管代养协议，合作社于判决生效十日内退还23户农户本金合计35.1万元，2019年分配利润共计4.55万元，总计金额39.65万元。

这是一起扶贫产业到户资金托管合同纠纷案件，直接关系到23户农户的切身利益。本案中，原、被告签订牦牛托管代养协议后，双方应按约定全面履行各自义务。在法律援助承办人的帮助下，此案得以胜诉，23户农户的合法权益得到了保护。

● *相关规定*

《律师法》第42条；《法律援助条例》第6条；《律师执业管理办法》第45条；《办理法律援助案件程序规定》第22~23条

第二十条　遵守职业道德

法律援助人员应当恪守职业道德和执业纪律，不得向受援人收取任何财物。

● *条文注释*

不得向受援人收取任何财物，是指法律援助人员不能被动接受受援人赠送的任何财物，更不能主动要求受援人给予财物。

● *相关规定*

《律师法》第3条；《法律援助条例》第22条；《关于刑事诉讼法律援助工作的规定》第25条

第二十一条　保密条款

法律援助机构、法律援助人员对提供法律援助过程中知悉的国家秘密、商业秘密和个人隐私应当予以保密。

● *实用问答*

问："国家秘密""商业秘密""个人隐私"指的是什么？

答：1. 国家秘密是指关系国家安全和利益，依照法定程序确定，在一定时间内只限一定范围的人员知悉的事项。其包括：国家事务重大决策中的秘密事项；国防建设和武装力量活动中的秘密事项；外交和外事活动中的秘密事项以及对外承担保密义务的秘密事项；国民经济和社会发展中的秘密事项;科学技术中的秘密事项;维护国家安全活动和追查刑事犯罪中的秘密事项;经国家保密行政管理部门确定的其他秘密事项;等等。

2. 商业秘密是指非公开性的、非排他性的,能使经营者获得利益、竞争优势或其他潜在的商业利益的秘密。

3. 个人隐私是指公民个人生活中不愿为他人(一定范围以外的人)公开或知悉的秘密,且这一秘密与其他人及社会利益无关。

● 相关规定

《公安机关办理刑事案件程序规定》第270条;《律师执业管理办法》第43条

第三章 形式和范围

第二十二条 法律援助服务形式

法律援助机构可以组织法律援助人员依法提供下列形式的法律援助服务:

(一)法律咨询;

(二)代拟法律文书;

(三)刑事辩护与代理;

(四)民事案件、行政案件、国家赔偿案件的诉讼代理及非诉讼代理;

(五)值班律师法律帮助;

(六)劳动争议调解与仲裁代理;

(七)法律、法规、规章规定的其他形式。

● *典型案例*

1. 肇庆市法律援助处对吴某某等 123 人劳动争议纠纷提供法律援助案（《广东省司法厅发布 2021 年民事法律援助典型案例》）

2017 年 11 月 20 日，肇庆某制衣厂发出通知，要求吴某某等 135 名工人从 2017 年 12 月 20 日起到距离肇庆某制衣厂约 18 公里的新开设的高要制衣厂工作，原工资待遇不变，逾期不报到且不办理书面手续的，后果自负。但吴某某等人对相关的待遇提出异议，不同意到新工作地点上班。

吴某某等 123 人于 2017 年 12 月 20 日，来到肇庆市端州区法律援助处寻求法律帮助，认为肇庆某制衣厂将厂址搬迁到高要，转移财产及业务转到新成立的高要制衣厂，是变相裁员，目的是规避法律责任。

2017 年 12 月 24 日，肇庆市端州区法律援助处指派肇庆市端州区某律师事务所律师李某、罗某承办此案。承办律师于 2017 年 12 月 27 日，代理吴某某等 123 人向肇庆市劳动人事争议仲裁委员会提起劳动人事争议仲裁申请，请求裁决被申请人支付吴某某等 123 人解除劳动合同经济补偿金共计 3549771 元。2018 年 1 月 25 日，肇庆市劳动人事争议仲裁委员会作出肇劳动人仲案字（2018）6 号仲裁裁决书，完全支持了吴某某等 123 人的仲裁请求。

仲裁裁决书送达后，被申请人不服该裁决书，向端州区人民法院提起诉讼，要求判决双方的劳动合同继续履行，无须支付被告经济补偿金。吴某某等 123 人继续向肇庆市端州区法律援助处申请法律援助，端州区法律援助处继续指派肇庆市端州区某律师事务所律师李某、罗某办理此案。端州区人民法院判决驳回肇庆某制衣厂的全部诉讼请求。

肇庆某制衣厂仍不服该一审判决，在上诉期限内向肇庆市中级人民法院提起上诉，请求撤销一审判决，改判支持肇庆某制衣厂的全部诉讼请求。吴某某等123人于2018年9月来到肇庆市法律援助处申请法律援助，肇庆市法律援助处指派某律师事务所律师陈某鸿承办此案。肇庆市中级人民法院经过多次开庭后，于2018年10月22日判决驳回肇庆某制衣厂的上诉请求，维持原判。

二审判决生效以后，由于肇庆某制衣厂未及时支付解除劳动合同经济补偿金，吴某某等123人于2019年1月再次向肇庆市法律援助处申请法律援助，某律师事务所合伙人邱律师接受指派后，于2019年2月22日联系了工人代表并进行了面谈，让工人相信可以通过法律途径解决纠纷。随后，通过查询肇庆某制衣厂可供执行的财产，请求法院查封相关财产，请求法院到税务部门调取肇庆某制衣厂的所有财务报告、对肇庆某制衣厂进行司法审计、将案件移送公安机关侦查追究肇庆某制衣厂及有关责任人员的刑事责任等措施，迫使肇庆某制衣厂同意拿出一笔资金来执行和解，双方最终达成和解协议，由肇庆某制衣厂支付吴某某等人共221万元。2019年12月24日，案件执行终结。吴某某等121人全部收到了执行款。

2. 佛山市三水区法律援助处对钱某东工伤保险待遇纠纷提供法律援助案（《广东省司法厅发布2021年民事法律援助典型案例》）

钱某东于1973年出生，系广东某物流有限公司员工，从事司机工作，2017年12月12日，他受公司委派驾车到阳春市某钢厂送货，在卸货时，由于货车车厢侧翻，钱某东用液压支脚将车板与货物分离。因货车车板油管突然爆裂，导致钱某东双眼被炸伤。2018年2月6日，人力资源和社会保障局认定钱某东受到的事故伤害为工伤。2018年12月19日，劳动能力鉴定委员会鉴定钱某东劳动能力障碍等级为一级，生活自理障碍等级为四级，确定钱某东的停工留薪期为2017年12月12日至2018年12月11日。

经过此次事故，钱某东的双眼完全失明，日常的生活起居全部需要家人照顾。因工伤赔偿问题无法与用人单位达成一致，钱某东的受伤也使家庭失去了重要的经济来源。2019年7月13日，走投无路的钱某东的妻子曾某华来到了三水区法律援助处求助。三水区法律援助处当天指派某律师事务所陈律师承办此案。

承办律师了解情况后，因双方的分歧过大，调解的可能性低，为了尽快让钱某东拿到自己的赔偿款，承办人决定直接为其申请劳动仲裁。2019年12月10日佛山市三水区劳动人事争议仲裁委员会作出仲裁裁决，裁决只以银行转账的5000多元工资作为工资标准计算了相关的赔偿项目的差额，并裁决按月支付伤残津贴差额。

劳动仲裁的结果让钱某东无法接受。决定向人民法院提起诉讼。2019年12月12日钱某东再次申请法律援助，三水区法律援助处受理后继续指派陈律师办理。2020年4月16日佛山市三水区人民法院作出一审判决，确认了钱某东每月的工资为8000元，被告应向原告支付一次性（27个月）伤残补助金差额125296元；被告向原告支付2018年12月12日至2019年4月30日停工留薪期工资96000元；自2019年7月起至原告年满60周岁止按原告工资8000元/月——当年度社保部门核发的伤残津贴（缴费工资的90%）逐月向原告支付。

一审判决基本支持了钱某东的诉讼请求，只有要求用人单位一次性支付伤残津贴差额这一项，一审法院判决按月支付至钱某东60周岁。为此，承办人又代理钱某东上诉至佛山市中级人民法院。但在上诉过程中，通过承办人与用人单位的协商，用人单位同意按年支付钱某东的伤残津贴差额，钱某东与家人商量后，觉得这一方案可以接受，于是，向佛山市中级人民法院撤回了上诉。至此，本起工伤保险待遇纠纷案件最终圆满解决。

● 相关规定

《律师法》第 28 条；《刑事诉讼法》第 36 条；《律师执业管理办法》第 25 条；《律师和律师事务所违法行为处罚办法》第 7 条

第二十三条　法律咨询服务提供

法律援助机构应当通过服务窗口、电话、网络等多种方式提供法律咨询服务；提示当事人享有依法申请法律援助的权利，并告知申请法律援助的条件和程序。

● 相关规定

《办理法律援助案件程序规定》第 9 条；《关于加强国家赔偿法律援助工作的意见》

第二十四条　刑事法律援助申请

刑事案件的犯罪嫌疑人、被告人因经济困难或者其他原因没有委托辩护人的，本人及其近亲属可以向法律援助机构申请法律援助。

● 条文注释

本条是关于刑事诉讼案件中申请法律援助主体的规定，明确了因经济困难或其他原因没有委托辩护人的犯罪嫌疑人、被告人及其近亲属可以申请法律援助。相比《法律援助条例》，本条扩大了申请法律援助主体的范围。《刑事诉讼法》第 35 条第 1 款也规定了法律援助条款，"犯罪嫌疑人、被告人因经济困难或者其他原因没有委托辩护人的，本人及其近亲属可以向法律援助机构提出申请"。本条将刑事案件申请法律援助的主体规定与《刑事诉讼法》保持一致，体现了法律的统一性。[1]

● *实用问答*

问：刑事案件一直未自行聘请律师，能够获得法律援助吗？[2]

答：《法律援助法》第24条规定，刑事案件的犯罪嫌疑人、被告人因经济困难或者其他原因没有委托辩护人的，本人及其近亲属可以向法律援助机构申请法律援助。即一般而言，刑事案件中犯罪嫌疑人、被告人获得法律援助的前提是"因经济困难或者其他原因没有委托辩护人"。国家尊重和保护人权是《宪法》确定的重要内容，也是刑事诉讼活动的重要原则。刑事诉讼直接涉及公民权利，国家近年来对刑事案件法律援助的覆盖面不断扩大。自2017年司法部联合最高人民法院开展刑事案件律师辩护全覆盖试点以来，上海等25个省（区、市）实现县级行政区域试点刑事案件律师辩护全覆盖工作，法律援助工作在其中发挥了十分重要的作用。需要提醒的是，遇到用人单位拖欠工资等情形，当事人应在权利被侵害之日起一年内提起劳动仲裁或向劳动监察机构投诉举报。通过合法渠道和途径维护自身权益才是解决问题的正确办法，凭个人冲动鲁莽行事，只会适得其反。

● *相关规定*

《刑事诉讼法》第35条、第293条；《法律援助条例》第11条；《最高人民法院关于适用〈中华人民共和国刑事诉讼法〉的解释》第44条

---

[1] 江必新、夏道虎主编：《中华人民共和国法律援助法条文解读与法律适用》，中国法制出版社2022年版，第60页。

[2] 上海市长宁区法律援助中心：《以案说法——法律援助法解读》，载司法部网站，http://www.moj.gov.cn/pub/sfbgw/jgsz/jgszzsdw/zsdwflyzzx/flyzzxzcxx/zcxxfyzl/202306/t20230621_481166.html，最后访问时间：2023年11月23日。

| 第二十五条 | **法律援助机构指派律师担任辩护人的法定情形** |

刑事案件的犯罪嫌疑人、被告人属于下列人员之一,没有委托辩护人的,人民法院、人民检察院、公安机关应当通知法律援助机构指派律师担任辩护人:

(一)未成年人;
(二)视力、听力、言语残疾人;
(三)不能完全辨认自己行为的成年人;
(四)可能被判处无期徒刑、死刑的人;
(五)申请法律援助的死刑复核案件被告人;
(六)缺席审判案件的被告人;
(七)法律法规规定的其他人员。

其他适用普通程序审理的刑事案件,被告人没有委托辩护人的,人民法院可以通知法律援助机构指派律师担任辩护人。

● *条文注释*

1. 未成年人。犯罪嫌疑人、被告人是未成年人,且没有委托辩护人的,人民法院、人民检察院、公安机关应当通知法律援助机构指派律师担任辩护人。

2. 视力、听力、言语残疾人。犯罪嫌疑人、被告人是视力、听力、言语残疾人,且没有委托辩护人的,人民法院、人民检察院、公安机关应当通知法律援助机构指派律师担任辩护人。根据国家标准《残疾人残疾分类和分级》(GB/T 26341—2010)的规定,视力残疾是指各种原因导致双眼视力低下并且不能矫正或双眼视野缩小,以致影响其日常生活和社会参与。视力残疾包括盲及低视力。听力残疾是指各种原因导致双耳不同程度的永久性听力障碍,听不到或听不清周围环境声及言语声，以致影响其日常生活和社会参与。言语残疾是指各种原因导致的不同程度的言语障碍，经治疗一年以上不愈或病程超过两年，而不能或难以进行正常的言语交流活动，以致影响其日常生活和社会参与。包括：失语、运动性构音障碍、器质性构音障碍、发声障碍、儿童言语发育迟滞、听力障碍所致的言语障碍、口吃等。

3. 不能完全辨认自己行为的成年人。犯罪嫌疑人、被告人是不能完全辨认自己行为的成年人，且没有委托辩护人的，人民法院、人民检察院、公安机关应当通知法律援助机构指派律师担任辩护人。不能完全辨认自己行为的成年人是指《刑事诉讼法》中规定的尚未完全丧失辨认或者控制自己行为能力的精神病人。

4. 可能被判处无期徒刑、死刑的人。这里的"可能"被判处无期徒刑、死刑，是人民法院、人民检察院、公安机关根据案件的事实和证据情况得出的一种判断，而非定论。这里的"死刑"包括"死刑立即执行"和"死刑缓期两年执行"。

5. 申请法律援助的死刑复核案件被告人。死刑复核案件中的被告人没有委托辩护人，向人民法院提出法律援助申请的，人民法院应当通知法律援助机构指派律师担任辩护人。需要说明的是，本项通知程序的启动，不是人民法院发现死刑复核案件被告人没有委托辩护人，即应通知法律援助机构指派律师担任辩护人，还需要被告人提出法律援助申请。此外，本项与本法第 39 条的不同之处在于，本项属于应当通知辩护的范围，没有委托辩护人的死刑复核案件被告人提出法律援助申请，人民法院即应当通知法律援助机构，法律援助机构接到通知后应当指派律师担任其辩护人。而第 39 条规定的是人民法院等向法律援助机构转交被告人法律援助申请的义务，是否提供法律援助需由法律援助机构审查决定。因此，没有委托辩护人的死刑复核案件被告人，就死刑复核事项提出法律援助申请的，不适用本法第 39 条的规定。

6. 缺席审判案件的被告人。根据《刑事诉讼法》的规定，对于贪污贿赂犯罪案件，以及需要及时进行审判，经最高人民检察院核准的严重危害国家安全犯罪、恐怖活动犯罪案件，人民法院在特定条件下可以在被告人不出庭的情况下进行开庭审判。需要说明的是，这里只针对进入审判程序的被告人，在侦查阶段和审查起诉阶段，虽然上述案件的犯罪嫌疑人在境外，但公安机关、人民检察院仅需告知其有权委托辩护人，而无须通知法律援助机构指派律师担任其辩护人。

7. 法律法规规定的其他人员。

● *实用问答*

问：未成年人涉嫌刑事犯罪，法律援助会及时介入吗？[1]

答：未成年人保护工作一直是法律援助工作中的重要内容。《法律援助法》第 25 第 1 款第 1 项条规定，刑事案件的犯罪嫌疑人、被告人是未成年人，没有委托辩护人的，人民法院、人民检察院、公安机关应当通知法律援助机构指派律师担任辩护人。根据该条规定，为刑事案件中的未成年犯罪嫌疑人、被告人提供法律援助属于法定情形。《法律援助法》还规定，犯罪嫌疑人、被告人是视力、听力、言语残疾人，不能完全辨认自己行为的成年人，可能被判处无期徒刑、死刑的人，申请法律援助的死刑复核案件被告人，缺席审判案件的被告人，法律法规规定的其他人员等，人民法院、人民检察院、公安机关等办案机关也应当通知法律援助机构指派律师担任辩护人。因此，刑事案件中法律援助的覆盖面是非常广的。

---

[1] 上海市长宁区法律援助中心：《以案说法——法律援助法解读》，载司法部网站，http://www.moj.gov.cn/pub/sfbgw/jgsz/jgszzsdw/zsdwflyzzx/flyzzxzcxx/zcxxfyzl/202306/t20230621_481166.html，最后访问时间：2023 年 11 月 23 日。

● **典型案例**

1. 甘肃省甘南藏族自治州临潭县法律援助中心为侯某红盗窃提供法律援助案[①]

2017年3月28日，临潭县某村17岁的少年侯某红因涉嫌盗窃罪被临潭县公安局刑事拘留。2017年4月12日被批准逮捕。2017年6月30日，某律师事务所金律师接到临潭县法律援助中心的指派后，征得被告人侯某红的法定代理人的授权委托后为其提供法律援助辩护。律师会见了被告人侯某红，了解了相关情况并仔细查阅了案卷材料，得知：侯某红，男，生于2000年2月4日，系临潭县某村人，在读初一时，因不愿上学而辍学在社会上打工、游荡，沾染了不良习气。2016年6月，被告人侯某红留宿在临潭县某镇李某永出租屋内，趁李某永上学之际，将李某永放置在床上的一部白色华为手机盗走。经临潭县物价局鉴定：该手机价值人民币700元。2016年9月29日，被告人侯某红伙同冶某某（无刑事责任能力）在临洮县洮阳镇用铁扳手撬开蒲某的租住房门，盗走现金250元，蓝色戴尔笔记本电脑一台（鉴定价值1950元），戒指一对（鉴定价值6500元），橘黄色戴尔笔记本电脑包一个（鉴定价值50元），共计价值8750元。2017年3月，被告人侯某红与临潭一中学生俞某某在新城镇网吧上网时，被告人侯某红将俞某某放在书包校服衣兜内的520元现金盗走。2017年3月27日，被告人侯某红趁叔父侯某某家中无人之际，潜入侯某某上房东侧卧室内将存放在电烤箱内的13000元现金盗走。被告人侯某红上述四起以非法占有为目的、采取秘密的手段盗窃他人财物的行为，已经构

[①] 《甘肃省甘南藏族自治州临潭县法律援助中心为侯红某盗窃提供法律援助案》，载中国法律服务网，http://alk.12348.gov.cn/Detail?dbID=46&dbName=FYGL&sysID=1374，最后访问时间：2023年11月23日。

成了盗窃罪。被告人侯某红的父母长期在外打工,对被告人侯某红疏于管理、疏于教育,他基本就是一个缺乏教育与家庭关爱的留守少年。他在临潭县第一中学读初一的时候,就开始厌倦学习,向往不劳而获的生活,因为上课迟到与老师发生争吵后离校辍学。父母不管不问让其随波逐流在社会上游荡,因此年仅16岁的他开始独立生活,无人管教四处胡混,进而实施盗取其他学生的手机、现金,伙同他人盗取电脑的犯罪行为。因为法治意识淡薄,认为拿亲戚的钱不属于犯罪。

2017年9月29日,临潭县人民法院作出刑事判决书,被告人侯某红犯盗窃罪,判处有期徒刑八个月,并处罚金3000元。判决书对律师的大部分辩护意见予以采纳,使本案得到公正的处理。

办理本案后,律师的心情相当沉重,加强对未成年人的法制教育是一项艰巨的工作与任务:在生活环境方面:律师认为本案被告人侯某红首先没有得到很好的家庭教育和学校教育。侯某红在读初一的时候就因为不思上进而辍学回家,家长忙于家务也没有对被告人侯某红进行教育与管教,而是放任其在社会上流浪,接触不良少年,为了维持生存而第一次作案,踏上了犯罪道路。此后因犯罪被公安机关刑事拘留后并没有吸取教训,反而在遭受父亲殴打的粗暴教育下继而再行盗窃亲戚的财物,导致一错再错,家庭的教育与学校的教育非常匮乏。在思想方面:被告人侯某红因没有很好地接受教育与正确的引导,因而没有树立起正确的世界观、人生观、价值观,年纪轻轻便形成了游手好闲、懒惰、不劳而获的错误思想,导致犯罪,希望他能从本案中吸取教训并改邪归正,重新做对社会有用的人。

2. 重庆市奉节县法律援助中心对未成年人浩浩抚养费纠纷提供法律援助案（《司法部发布法律援助工作指导案例》之二）[①]

2008年3月31日，郭某与向某登记结婚，婚后生育一子浩浩（化名）。2012年2月10日，郭、向二人因感情不和协议离婚。离婚协议约定：浩浩随母亲郭某共同生活，父亲向某不承担任何费用；在不影响孩子学习和生活的情况下，父亲可随时探望孩子。多年来，浩浩一直由母亲独自抚养，父亲从未支付过任何费用，也很少见面或联系。2014年3月，郭某与同样携带一女的赵某再婚。2020年6月，两人生育一女，因孩子年幼，郭某便一直在家操持家务，夫妻二人带着三个孩子仅靠赵某微薄的收入生活。此外，随着浩浩日益长大，生活、学习等各项开支也越来越大。无奈之下，郭某便电话联系到向某，要求其支付浩浩的抚养费，但向某以离婚协议早有约定为由拒绝。2022年1月6日，郭某作为浩浩的法定代理人向重庆市奉节县法律援助中心申请法律援助。奉节县法律援助中心立即启动未成年人法律援助绿色通道，经审查，认为符合《中华人民共和国法律援助法》规定，决定给予法律援助，并立即指派某律师事务所张律师承办此案。

承办律师接受指派后，立即约见受援人，详细了解案情，仔细查阅证据材料，并向其陈述了办案思路，获受援人认可。2022年1月7日，承办律师代受援人向重庆市奉节县人民法院提起诉讼。

2022年3月16日，法院开庭审理此案。庭审中，承办律师提出了以下代理意见：1. 向某作为父亲对浩浩负有法定的抚养义务；2.

[①] 《司法部发布法律援助工作指导案例》，载司法部网站，http://www.moj.gov.cn/pub/sf-bgw/gwxw/xwyw/202309/t20230927_487012.html，最后访问时间：2023年11月23日。下文同一出处案例不再做提示。

离婚协议约定的效力并不能对抗法律上父母双方对浩浩的抚养义务；3. 母亲郭某家庭经济困难，而父亲向某经济状况较好，能承担抚养义务。

法院经审理后，采纳了承办律师的意见，于2022年3月18日作出判决：向某从2022年4月起，每月月底前向浩浩支付抚养费800元，至其年满18周岁为止。至此本案办结。经回访，受援人及其代理人对案件结果表示满意。

● *相关规定*

《法律援助条例》第12条；《关于刑事诉讼法律援助工作的规定》第9条、第13条；《最高人民法院关于适用〈中华人民共和国刑事诉讼法〉的解释》第47条；《人民检察院刑事诉讼规则》第42条

第二十六条　重刑刑事案件法律援助

> 对可能被判处无期徒刑、死刑的人，以及死刑复核案件的被告人，法律援助机构收到人民法院、人民检察院、公安机关通知后，应当指派具有三年以上相关执业经历的律师担任辩护人。

● *条文注释*

可能判处无期徒刑、死刑的人，以及申请法律援助的死刑复核案件的被告人，属于应当指定辩护的范围。本条规定应当指派具有三年以上相关执业经历的律师担任辩护人，主要是考虑到实践中存在指定辩护流于形式、质量不高的问题。特别是可能判处无期徒刑、死刑以及死刑复核案件，案情重大疑难复杂，如果交由相关业务经验不足的律师，难以保障重大案件的法律援助质量。因此，指派具有三年以上

相关执业经历的律师担任辩护人，对于提升指定辩护的质量、防止冤假错案、保障被告人合法权益具有重要意义。三年以上相关执业经历，是指从事三年以上刑事辩护业务，对于不仅从事刑事辩护，还从事其他法律工作的，应当以刑事辩护业务为主。对于曾经从事相关业务三年以上，后不再从事相关业务的律师，从本条的立法目的出发，为了更加充分地保障此类特殊案件的犯罪嫌疑人、被告人的合法权益，连续两年不再从事相关业务的律师，不宜作为此类案件的指定辩护人。[①]

● *相关规定*

《最高人民法院、司法部关于为死刑复核案件被告人依法提供法律援助的规定（试行）》

第二十七条　犯罪嫌疑人、被告人委托辩护权保障

人民法院、人民检察院、公安机关通知法律援助机构指派律师担任辩护人时，不得限制或者损害犯罪嫌疑人、被告人委托辩护人的权利。

● *相关规定*

《刑事诉讼法》第 35 条、第 278 条；《人民检察院刑事诉讼规则》第 57 条、第 460 条

[①] 江必新、夏道虎主编：《中华人民共和国法律援助法条文解读与法律适用》，中国法制出版社 2022 年版，第 66 页。

第二十八条 强制医疗案件法律援助

强制医疗案件的被申请人或者被告人没有委托诉讼代理人的，人民法院应当通知法律援助机构指派律师为其提供法律援助。

● **条文注释**

本条将《刑事诉讼法》的规定予以整合，根据《刑事诉讼法》第304条第2款的规定，人民法院审理强制医疗案件，应当通知被申请人或者被告人的法定代理人到场。被申请人或者被告人没有委托诉讼代理人的，人民法院应当通知法律援助机构指派律师为其提供法律帮助。[1]

● **实用问答**

问：强制医疗案件中，法律援助律师能做什么？[2]

答：强制医疗是刑事诉讼程序中比较特殊的一类案件。根据《刑事诉讼法》规定，强制医疗作为非刑事处分方式，适用主体是不负刑事责任者。被强制医疗的人并没有构成刑法上的犯罪，而是对肇祸精神病人所采取的约束性措施，对其保护要远大于惩罚。《法律援助法》第28条规定，强制医疗案件的被申请人或者被告人没有委托诉讼代理人的，人民法院应当通知法律援助机构指派律师为其提供法律援助。因此，强制医疗案件中的法律援助，是由律师担任被申请人的诉讼代理人，其职责是基于案件事实、被申请人的身体状况及法律规

---

[1] 江必新、夏道虎主编：《中华人民共和国法律援助法条文解读与法律适用》，中国法制出版社2022年版，第68页。
[2] 上海市长宁区法律援助中心：《以案说法——法律援助法解读》，载司法部网站，http://www.moj.gov.cn/pub/sfbgw/jgsz/jgszzsdw/zsdwflyzzx/flyzzxzcxx/zcxxfyzl/202306/t20230621_481166.html，最后访问时间：2023年11月23日。

定，依法维护被申请人的合法权益。

● *相关规定*

《刑事诉讼法》第304条；《关于刑事诉讼法律援助工作的规定》第24条；《最高人民法院关于适用〈中华人民共和国刑事诉讼法〉的解释》第634条；《人民检察院刑事诉讼规则》第545条

第二十九条　被害人、自诉人及原告人等法律援助申请

刑事公诉案件的被害人及其法定代理人或者近亲属，刑事自诉案件的自诉人及其法定代理人，刑事附带民事诉讼案件的原告人及其法定代理人，因经济困难没有委托诉讼代理人的，可以向法律援助机构申请法律援助。

● *相关规定*

《刑事诉讼法》第46条；《法律援助条例》第11条；《人民检察院刑事诉讼规则》第55条；《最高人民法院关于适用〈中华人民共和国刑事诉讼法〉的解释》第62条

第三十条　值班律师提供法律帮助

值班律师应当依法为没有辩护人的犯罪嫌疑人、被告人提供法律咨询、程序选择建议、申请变更强制措施、对案件处理提出意见等法律帮助。

● *条文注释*

1. 提供法律咨询。值班律师提供法律咨询时，应当告知犯罪嫌疑人、被告人有关法律帮助的相关规定，结合案件所在的诉讼阶段，解释相关诉讼权利和程序规定，解答犯罪嫌疑人、被告人咨询的法律问

题。值班律师提供法律咨询的，应当记录犯罪嫌疑人、被告人涉嫌的罪名、咨询的法律问题、提供的法律解答。

2. 提供程序选择建议。这是指对于采取何种诉讼程序处理案件，值班律师在向犯罪嫌疑人、被告人说明程序的法律规定和法律结果的基础上，向犯罪嫌疑人、被告人提出选择建议。

3. 申请变更强制措施。犯罪嫌疑人被采取强制措施的，值班律师可以为其向有关司法机关申请予以变更。例如，犯罪嫌疑人被拘留、逮捕的，有关司法机关经申请可以将拘留、逮捕变更为取保候审、监视居住。

4. 对案件处理提出意见。包括对犯罪嫌疑人、被告人如何进行刑事诉讼，在诉讼中如何供述等程序问题提出意见，也包括对是否构成犯罪，是否有自首、立功、坦白等情节，人民检察院的量刑建议中的主刑、附加刑以及是否适用缓刑等问题，为犯罪嫌疑人、被告人向人民法院、人民检察院、公安机关提出处理意见。

● *典型案例*

安徽省淮南市八公山区法律援助中心对杨某请求宣告公民无民事行为能力提供法律援助案（《司法部发布法律援助工作指导案例》之一）

杨某某年幼时患过"乙脑"，导致智力发育受到严重影响。2008年，经残疾鉴定，杨某某被评定为二级智力残疾，并办理了残疾证。2022年，杨某某家庭面临拆迁安置，因杨某某为二级智力残疾人，导致很多拆迁安置手续无法正常办理。

杨某某的家人向法律援助中心进行了电话咨询，值班律师认为杨某某目前的情况，需要通过诉讼途径认定其为无民事行为能力人或者限制民事行为能力人，并指定监护人代为实施民事行为。因杨某某系残疾人,值班律师引导杨某某及家人依法申请法律援助。2022年7月初,杨某某在其姐姐杨某等家人的陪同下,来到安徽省淮南市八公山区法律援助中心申请法律援助。淮南市八公山区法律援助中心根据法律援助法相关规定,经审查,决定给予杨某某法律援助,并指派某律师事务所王律师承办此案。承办律师了解到,杨某某身体左侧偏瘫不能完全正常行走,日常个人生活不能自理,需要家人照料。且杨某某因智力残疾不能正常交流,无法表达自己的意思,不能辨认或者不能完全辨认自己的行为。承办律师初步判断,杨某某属于法律意义上的无民事行为能力人或者限制民事行为能力人。经过律师释法,杨某某家人同意了申请宣告杨某某为无民事行为能力人。承办律师代为起草了申请书,2022年7月18日,以杨某作为申请人,向淮南市八公山区人民法院提起了特别程序诉讼,申请宣告杨某某为无民事行为能力人,并要求法院指定杨父、杨某为其监护人。

案件受理后,经法院指定,承办律师陪同杨某某,前往安徽某司法鉴定所,对其精神状况进行司法鉴定。鉴定结论为:1. 器质性精神障碍;2. 目前无民事行为能力。2022年8月31日,淮南市八公山区人民法院依据该司法鉴定意见,适用特别程序,作出民事判决书,宣告杨某某为无民事行为能力人,并指定杨父、杨某为杨某某的监护人。

● *相关规定*

《刑事诉讼法》第36条;《公安机关办理刑事案件程序规定》第49条;《人民检察院刑事诉讼规则》第267~268条

第三十一条　经济困难当事人法律援助申请事项范围

下列事项的当事人，因经济困难没有委托代理人的，可以向法律援助机构申请法律援助：

（一）依法请求国家赔偿；

（二）请求给予社会保险待遇或者社会救助；

（三）请求发给抚恤金；

（四）请求给付赡养费、抚养费、扶养费；

（五）请求确认劳动关系或者支付劳动报酬；

（六）请求认定公民无民事行为能力或者限制民事行为能力；

（七）请求工伤事故、交通事故、食品药品安全事故、医疗事故人身损害赔偿；

（八）请求环境污染、生态破坏损害赔偿；

（九）法律、法规、规章规定的其他情形。

● **实用问答**

1. 问：想申请法律援助，只有经济困难才能申请吗？[①]

答：《法律援助法》第 31 条规定了因经济困难可以申请法律援助的情形，主要包括依法请求国家赔偿；请求给予社会保险待遇或者社会救助；请求发给抚恤金；请求给付赡养费、抚养费、扶养费；请求确认劳动关系或者支付劳动报酬；请求工伤事故、交通事故、食品药品安全事故、医疗事故人身损害赔偿等。因工伤要求人身损害赔偿，

---

① 上海市长宁区法律援助中心：《以案说法——法律援助法解读》，载司法部网站，http://www.moj.gov.cn/pub/sfbgw/jgsz/jgszzsdw/zsdwflyzzx/flyzzxzcxx/zcxxfyzl/202306/t20230621_481166.html，最后访问时间：2023 年 11 月 23 日。

依法属于法律援助的事项范围。经济困难标准由各省、自治区、直辖市政府确定。第41条第1款、第2款规定，因经济困难申请法律援助的，申请人应当如实说明经济困难状况。法律援助机构核查申请人的经济困难状况，可以通过信息共享查询，或者由申请人进行个人诚信承诺。也就是说，因经济困难申请法律援助的申请人，不用再像以前一样提交经济困难证明，只需以个人诚信承诺的方式如实说明经济状况，便可申请法律援助。如申请人有材料证明属于无固定生活来源的未成年人、老年人、残疾人等特定群体；社会救助、司法救助或者优抚对象；申请支付劳动报酬或者请求工伤事故人身损害赔偿的进城务工人员的，依法可以免予核查经济困难状况。

英雄烈士近亲属为维护英雄烈士的人格权益；因见义勇为行为主张相关民事权益；再审改判无罪请求国家赔偿；遭受虐待、遗弃或者家庭暴力的受害人主张相关权益，当事人申请法律援助的，则完全不受经济困难条件的限制。

2. 问：遭遇车祸无力索赔，可以申请法律援助吗？[①]

答：《民法典》第1179条规定，侵害他人造成人身损害的，应当赔偿医疗费、护理费、交通费、营养费、住院伙食补助费等为治疗和康复支出的合理费用，以及因误工减少的收入。造成残疾的，还应当赔偿辅助器具费和残疾赔偿金；造成死亡的，还应当赔偿丧葬费和死亡赔偿金。《法律援助法》第31条第7项规定，请求交通事故人身损害赔偿，因经济困难没有委托代理人的，可以向法律援助机构申请法律援助。

[①] 上海市长宁区法律援助中心：《以案说法——法律援助法解读》，载司法部网站，http://www.moj.gov.cn/pub/sfbgw/jgsz/jgszzsdw/zsdwflyzzx/flyzzxzcxx/zcxxfyzl/202306/t20230621_481166.html，最后访问时间：2023年11月23日。

3. 问：未成年子女要求增加抚养费，可以申请法律援助吗？①

答：《法律援助法》第 31 条第 4 项规定，请求给付抚养费的当事人，因经济困难没有委托代理人的，可以向法律援助机构申请法律援助。第 42 条第 1 项又规定，如申请人有材料证明属于无固定生活来源的未成年人、老年人、残疾人等特定群体，依法免予核查经济困难状况。因此，小明属于免予核查经济困难状况的人员。同时，第 40 条第 1 款规定，无民事行为能力人或者限制民事行为能力人需要法律援助的，可以由其法定代理人代为提出申请。需要进一步说明的是，根据《民法典》的相关规定，夫妻双方共同承担对未成年子女抚养、教育和保护的义务。离婚后，子女由一方直接抚养的，另一方应当负担部分或者全部抚养费。负担费用的多少和期限的长短，由双方协议；协议不成的，由人民法院判决。前款规定的协议或者判决，不妨碍子女在必要时向父母任何一方提出超过协议或者判决原定数额的合理要求。

4. 问：老年人要求成年子女支付赡养费，可以申请法律援助吗？②

答：《法律援助法》第 31 条第 4 项规定，请求给付赡养费的当事人，因经济困难没有委托代理人的，可以向法律援助机构申请法律援助。第 42 条第 1 项又规定，如申请人有材料证明属于无固定生活来源的未成年人、老年人、残疾人等特定群体，依法免予核查经济困难状况。因此，如老年人可以提供相关单位或部门出具的无固定生活来

---

① 上海市长宁区法律援助中心：《以案说法——法律援助法解读》，载司法部网站，http://www.moj.gov.cn/pub/sfbgw/jgsz/jgszzsdw/zsdwflyzzx/flyzzxzcxx/zcxxfyzl/202306/t20230621_481166.html，最后访问时间：2023 年 11 月 23 日。

② 上海市长宁区法律援助中心：《以案说法——法律援助法解读》，载司法部网站，http://www.moj.gov.cn/pub/sfbgw/jgsz/jgszzsdw/zsdwflyzzx/flyzzxzcxx/zcxxfyzl/202306/t20230621_481166.html，最后访问时间：2023 年 11 月 23 日。

源的证明材料，则可以在申请法律援助时免予核查经济困难状况。需要说明的是，赡养父母是子女应尽的义务。《民法典》第1067条第2款规定："成年子女不履行赡养义务的，缺乏劳动能力或者生活困难的父母，有要求成年子女给付赡养费的权利。"在父母年老时，子女除了应当履行对老年人经济上供养、生活上照料的责任，还负有精神上慰藉的义务。

5. 问：企业违法克扣劳动报酬，外来从业人员可否申请法律援助？[①]

答：《法律援助法》第31条第5项规定，请求确认劳动关系或者支付劳动报酬的当事人，因经济困难没有委托代理人的，可以申请法律援助。第42条第3项又规定，申请支付劳动报酬或者请求工伤事故人身损害赔偿的进城务工人员，可以免予核查经济困难状况。一般而言，劳动者工作中因故意或者重大过失给用人单位造成损失的，应当承担赔偿责任。但即便如此，劳动者的赔偿责任也有一定限制，即用人单位每月扣发员工的工资不应超过月工资的20%。还需要说明的是，用人单位尽管有权以劳动者不能胜任工作为由解除劳动合同，但行使这种权利也不是任意的，用人单位需要有相关证据证明劳动者不胜任岗位，且须经培训或调岗等法定程序未见改善后方可解除。最后，即便在该种情形下，用人单位仍须向劳动者支付经济补偿金。

6. 问：公司未缴纳工伤保险，发生工伤事故后如何维权？[②]

答：《法律援助法》第31条第7项、第42条第3项规定，请求

[①] 上海市长宁区法律援助中心：《以案说法——法律援助法解读》，载司法部网站，http://www.moj.gov.cn/pub/sfbgw/jgsz/jgszzsdw/zsdwflyzzx/flyzzxzcxx/zcxxfyzl/202306/t20230621_481166.html，最后访问时间：2023年11月23日。

[②] 上海市长宁区法律援助中心：《以案说法——法律援助法解读》，载司法部网站，http://www.moj.gov.cn/pub/sfbgw/jgsz/jgszzsdw/zsdwflyzzx/flyzzxzcxx/zcxxfyzl/202306/t20230621_481166.html，最后访问时间：2023年11月23日。

工伤事故人身损害赔偿的当事人，因经济困难没有委托代理人的，可以向法律援助机构申请法律援助。在上述情况下，有材料证明属于进城务工人员的，免予核查经济困难状况。根据《社会保险法》的规定，为劳动者缴纳包括工伤保险在内的社会保险费用系用人单位的法定义务，若用人单位怠于履行缴纳义务给劳动者造成损失的，须自行全额承担赔偿责任，并须依法补缴拖欠的社会保险费用。如用人单位不配合劳动者申请工伤认定的，劳动者本人或近亲属可在事故发生一年内自行申请工伤认定，认定工伤后再根据劳动能力鉴定结果确定赔偿项目。需要说明的是，工伤保险带有兜底性，适用无过错责任原则，即除非用人单位能够证明劳动者具有法定排除情形（故意犯罪；醉酒或吸毒；自残或自杀），否则均构成工伤。因此，该公司声称张某在事故发生过程中有违规操作情形，仅属于一般性过失，并不影响该事故构成工伤的认定。

7. 问：公司拖延申报工伤，可以申请法律援助吗？[①]

答：《法律援助法》第31条第7项规定，请求工伤事故人身损害赔偿的当事人，因经济困难没有委托代理人的，可以向法律援助机构申请法律援助。需要提醒用人单位的是，工伤事故发生后，如果因用人单位迟延办理工伤认定，导致劳动者支出的就医费用无法通过工伤保险基金报销的，相关赔偿责任或将全部由用人单位负担。

[①] 上海市长宁区法律援助中心：《以案说法——法律援助法解读》，载司法部网站，http://www.moj.gov.cn/pub/sfbgw/jgsz/jgszzsdw/zsdwflyzzx/flyzzxzcxx/zcxxfyzl/202306/t20230621_481166.html，最后访问时间：2023年11月23日。

● **典型案例**

1. 江苏省苏州市相城区法律援助中心对魏某某劳动争议纠纷提供法律援助案（《司法部发布贯彻实施法律援助法典型案例》之三）

魏某某于2021年9月8日入职江苏省苏州某贸易公司（下称公司）从事网络主播工作，工作内容主要为直播卖货。9月20日，魏某某被诊断怀孕。后因体力负担较大，医生建议休息保胎，魏某某便将怀孕事宜告知公司，希望能减少直播卖货时间或转至幕后辅助工作，被公司拒绝。10月20日，公司以魏某某不能胜任岗位为由解除劳动关系。12月3日，魏某某来到江苏省苏州市相城区法律援助中心申请法律援助。工作人员受理并审查后，指派某律师事务所解律师承办该案。2021年12月6日，承办律师向相城区劳动人事争议仲裁委员会提交立案材料。2022年1月30日，该案开庭审理。公司代理律师认为，魏某某作为网络主播，没有达到公司的直播绩效考核要求，公司有权解除劳动合同。承办律师提出用人单位不得因女职工怀孕与其解除劳动合同，如解除，魏某某有权要求继续履行双方劳动合同，并可以要求公司补足其工资损失。2022年5月11日，苏州市相城区劳动仲裁委裁决公司继续履行双方签订的劳动合同并支付劳动仲裁期间的工资损失27000元。公司不服仲裁裁决向苏州市相城区人民法院提起诉讼。苏州市相城区法律援助中心继续为魏某某诉讼阶段提供法律援助，并指派解律师继续承办该案。

该案于2022年9月16日开庭。公司认为魏某某在面试的过程中存在隐瞒怀孕的事实行为，且魏某某系网络主播，基本工资并非9000元/月，而是3500元/月。承办律师提出，魏某某系在入职后才知道怀孕，且是否怀孕并非录用的条件，魏某某不存在隐瞒重要事实的行为。关于工资基数，承办律师补充提交了考勤及工资发放记录，认为基本工资系9000元/月，劳动合同中对工资进行了拆分，与事实不符。承办法官询问双方是否愿意就工资、赔偿金、生育津贴、医疗费等一次性了结，魏某某考虑到自身长时间没有收入，且在哺乳期，一时无法再就业，愿意一次性了结。最终，承办律师帮助魏某某与公司达成一次性支付8万元的调解方案，双方当庭签订调解协议，案件结案。

本案是一起典型的新就业形态劳动者劳动争议纠纷案件。受援人魏某某系网络主播，该行业工作时间、工作内容、考核标准、管理监督等均有别于传统用工模式。发生纠纷时，劳动者与用人单位之间往往在解除或履行劳动合同、工资支付金额等事项上存在较大分歧。承办律师综合考虑新业态人员的就业特征、再就业困难等因素，制定最优方案，据理力争，依法帮助受援人争取到合理补偿。本案对于处理同类案件，特别是对新业态女性从业人员的权益维护具有参考意义。

2. 山东省济宁市汶上县法律援助中心对李某某医疗事故人身损害赔偿纠纷提供法律援助案（《司法部发布贯彻实施法律援助法典型案例》之五）

2021年3月30日，李某某因右足跟外伤到某医院接受治疗。4月8日，某医院在手术过程中，由于一系列原因，致使李某某术后出现了右下肢皮肤感觉减退、右踇背伸肌力下降的神经损伤等症状。李某某就医疗损害赔偿多次找医院协商无果后，于2022年3月1日来到山东省济宁市汶上县法律援助中心申请法律援助。汶上县法律援助中心受理并审查后，指派本中心李律师承办该案。接案后，承办律师分析证据，与李某某及家人共同研究确定证据补强方案，克服困难，调查取证，提出了民事诉讼并申请司法鉴定。

2022年9月27日，汶上县人民法院开庭审理此案。承办律师提出了如下代理意见：第一，法鉴定所出具的鉴定结论认定，某医院在对李某某的医疗活动中存在过错，并且过错行为与李某某的损伤之间存在因果关系，因此，该医院应当依法向李某某承担侵权赔偿责任。第二，结合李某某提交的微信交易明细、车辆违章处理信息、物流公司证明、驾驶资格证、道路运输从业资格证，综合认定李某某在本案事故发生前从事道路交通运输，李某某请求的误工费应按2021年度山东省交通运输行业标准进行计算。第三，关于李某某请求的精神损害抚慰金问题。因李某某在本次事故中构成两处十级伤残，对其精神造成了一定的损害，医院理应向李某某给付精神损害抚慰金。

2022年10月23日，汶上县人民法院作出判决，采纳了承办律师大部分意见，确定医院对李某某的损伤承担70%的赔偿责任，判决医院赔偿李某某医疗费、误工费、伤残赔偿金、护理费、住院伙食补助费、营养费、交通费、精神损害抚慰金共计190837元。双方均未提起上诉，医院按期支付了款项。

本案是一起典型的医疗事故人身损害赔偿案件，是法律援助法规定援助事项范围的案件类型。医疗事故损害赔偿案件复杂性强，专业要求高。本案中，在承办律师的帮助下，受援人申请了医疗鉴定，证明了医疗机构在诊疗行为中存在过错以及过错行为与损伤之间存在因果关系，为案件的胜诉提供了有力的证据支持，最终维护了受援人的合法权益。该案例示范性较强，为法律援助人员办理此类案件提供了有益借鉴。

3. 河北省唐山市丰润区法律援助中心对李某某交通事故损害赔偿提供法律援助案（《司法部发布法律援助工作指导案例》之四）

李某某75岁，老伴王某某74岁，系河北省唐山市丰润区某村村民。2021年10月，李某某开电动三轮车载着王某某，在唐山市丰润区某路段与驾驶小型汽车的谷某某发生交通事故，致李某某、王某某受伤，双方车辆受损。经唐山市公安交通管理部门认定，谷某某、李某某负事故同等责任，王某某无责任。李某某、王某某因此次交通事故产生医疗费、住院伙食费、交通费等损失1万余元。

因双方无法就赔偿数额达成一致意见，2022年1月12日，李某某和王某某来到河北省唐山市丰润区法律援助中心申请法律援助。经审核，唐山市丰润区法律援助中心认为李某某、王某某申请援助事项符合法律援助法的规定，决定给予法律援助，并立即指派某律师事务所张律师承办此案。

承办律师多次和受援人沟通，指导并帮助受援人到唐山市公安交通管理部门调取谷某某、肇事车辆等相关证据。承办律师分析，本案的关键问题是谷某某认为其车辆也有损坏，应少赔偿受援人的损失，故不同意其投保的保险公司对受援人进行理赔。承办律师多次电话联系谷某某和保险公司做其工作，谷某某仍不肯签字。

2022年1月27日，承办律师代受援人向唐山市丰润区人民法院提起诉讼。在法庭上，承办律师提出以下代理意见：被告谷某某驾驶的小型轿车在某保险公司投保机动车交通事故责任强制险、机动车第三者责任保险，该事故发生在保险期间内。原告的损失应先由该保险公司在机动车交通事故责任强制险限额内赔偿，这部分不考虑事故责任比例；赔偿不足部分按事故责任比例由该保险公司在机动车第三者责任保险内赔偿；再不足部分由被告谷某某承担赔偿责任。

经承办律师不懈努力，受援人和谷某某、保险公司达成三方调解协议：谷某某和保险公司同意理赔，受援人也同意赔偿谷某某1500元。2022年3月16日，保险公司把13910元赔偿金支付到李某某银行账户，受援人撤诉，案件终结。

4. 郑州市管城回族区法律援助中心为曹某某等 30 名农民工劳务合同纠纷提供法律援助案（《河南省法律援助中心发布全省农民工欠薪求助法律援助典型案例》）

2020 年 12 月，求助人曹某某等 30 名农民工到××建筑公司承包的××安置房项目提供劳务，双方签订了《劳务协议》。2022 年初，曹某某等班组完成协议约定的地下室砌筑、送风井抹灰等工作后，该公司迟迟不支付相应的劳务费。同年 9 月，曹某某等人在中国法律服务网"农民工欠薪求助绿色通道"进行求助。郑州市管城回族区法律援助中心收到求助信息后，立即安排律师为曹某某等人提供法律咨询，求助人在电话中表示因在外地务工，暂不申请法律援助。同年 12 月，曹某某及工友一行来到郑州市管城回族区法律援助受理点某律师事务所申请法律援助，管城回族区法律援助中心收到申请后，立即指派某律师事务所郭律师等四名律师承办该案。

承办律师了解到，曹某某等人与××建筑公司签订有书面《劳务协议》，约定××建筑公司应当按照曹某某等人已完成的劳务工程量结算劳务费；且该项目的总包单位与××建筑公司就农民工工资结算事项签订了付款承诺书。承办律师围绕《劳务协议》是否合法有效、结算金额是否准确、××建筑公司和总包单位是否承担付款责任等问题进行证据收集和固定，查阅并复制了管城回族区人民法院审结的××建筑公司涉诉案件的有关证据及裁判文书后，向法院起诉。其间，郑州市法律援助中心多次听取管城回族区法律援助中心对案件进展的工作汇报，召集本中心业务骨干、管城回族区法律援助中心负责人和承办律师对案件进行研讨分析。

该案在法院先后经历三次调解，最后一次调解于 2023 年 1 月 12 日在管城回族区人民法院南曹法庭特邀调解员的主持下进行，部分农民工代表、总包单位负责人、××建筑公司负责人来到现场，承办律师从法律规定和社会影响等方面与对方进行沟通协商，调解工作从下午3点一直持续到晚上7点，最终各方达成调解协议，约定由××建筑公司于2023年3月31日前支付曹某某等30人劳务费101万余元，总包单位承担连带清偿责任。在承办律师的督促下，总包单位于2023年3月31日履行了付款义务。

5. 洛阳市法律援助中心为赵某等5名农民工追索劳动报酬纠纷提供法律援助案（《河南省法律援助中心发布全省农民工欠薪求助法律援助典型案例》）

2021年，求助人赵某等5名农民工到洛阳市伊川县××建筑工地打工，双方未签订书面劳动合同。同年11月5日，用人单位项目负责人与赵某等人进行了工资结算，认定赵某等5人的工资总额为6.9万元，并承诺拿到工程款后即支付，双方未办理任何手续。赵某等人在多次维权未果后，于2023年8月12日通过中国法律服务网"农民工欠薪求助绿色通道"申请求助。

洛阳市法律援助中心收到求助信息后，了解到赵某等人正在偃师打工，为方便受援人，指定偃师区法律援助中心承办，争取通过调解方式帮助求助人尽快拿回欠薪。偃师区法律援助中心约见赵某等人详细了解案件情况后，立即与用人单位项目部负责人协调沟通，引导其换位思考，并讲解相关法律法规，告知对方拖欠农民工工资可能导致的法律后果。经反复沟通，用人单位最终同意将6.9万元工资支付给赵某等5名农民工。

6. 焦作市解放区法律援助中心为张某等3名农民工劳务合同纠纷提供法律援助案（《河南省法律援助中心发布全省农民工欠薪求助法律援助典型案例》）

2021年7月至9月，求助人张某、李某和阮某3名农民工受雇于

××建筑公司，在焦作市解放区××城中村改造项目工地从事砌墙工作。2022年1月11日，××建筑公司分别为张某等3人出具了《××工地工人结算单》，该公司相关负责人签字确认3人的劳务费分别为62566元、83807元、41683元。后经多次讨要，该公司仍拖欠张某等3人共计4万元。

张某等3人于同年8月30日在中国法律服务网"农民工欠薪求助绿色通道"求助。接到求助信息后，焦作市解放区法律援助中心电话核实了张某等3人的农民工身份和相关案件情况后，告知张某等人可以申请法律援助。9月6日，张某等3人来到焦作市解放区法律援助中心申请法律援助，工作人员立即启动农民工欠薪求助"绿色通道"，受理并指派某律师事务所的张律师和原律师两位律师承办该案。承办律师在约见3位受援人并详细了解案情后，撰写民事诉状并通过人民法院诉讼服务系统，向焦作市解放区人民法院申请立案。9月22日，承办律师在接到法院诉前调解通知当日，迅速将纸质材料送到诉前调解中心，并协助调解员联系××建筑公司，与该公司相关负责人进行沟通，告知对方如果拒绝支付拖欠的农民工工资，案件转入诉讼程序经法院判决后，对方不仅要承担数千元的诉讼费用，判决书还将公布到互联网上，对公司声誉产生一定影响。此后，承办律师又与对方进行了4次沟通。最终，××建筑公司于10月15日将拖欠的4万元劳务费转账支付给了3位受援农民工。

7. 商丘市法律援助中心为朱某某等3名农民工追索劳动报酬纠纷提供法律援助案（《河南省法律援助中心发布全省农民工欠薪求助法律援助典型案例》）

2022年6月，求助人朱某某等3人到商丘市睢阳区××项目工地做钢筋工，工程竣工后包工头李某某拖欠3人工资共计18000元。2023

年1月20日，李某某出具一份欠条，承诺于2023年3月30日前付清。后经多次催要李某某仍不支付，朱某某等人通过中国法律服务网"农民工欠薪求助绿色通道"进行求助。

商丘市法律援助中心收到求助信息后，联系求助人进一步了解案件情况，认为该案符合法律援助条件，立即启动农民工欠薪求助"绿色通道"，指派某律师事务所朱律师提供法律援助，为求助人写诉状并代为前往法院办理立案手续。商丘市睢阳区人民法院于6月15日正式立案，于6月29日开庭审理，并于6月30日判决包工头李某某支付受援人18000元，担保人承担连带清偿责任。

● **相关规定**

《国家赔偿法》；《兵役法》；《军人地位和权益保障法》；《退役军人保障法》；《社会保险法》；《行政复议法》；《行政诉讼法》；《民法典》；《劳动法》；《劳动合同法》；《劳动争议调解仲裁法》

第三十二条　不受经济困难条件限制的情形

有下列情形之一，当事人申请法律援助的，不受经济困难条件的限制：

（一）英雄烈士近亲属为维护英雄烈士的人格权益；

（二）因见义勇为行为主张相关民事权益；

（三）再审改判无罪请求国家赔偿；

（四）遭受虐待、遗弃或者家庭暴力的受害人主张相关权益；

（五）法律、法规、规章规定的其他情形。

● *条文注释*

1. 英雄烈士近亲属为维护英雄烈士的人格权益。对侵害英雄烈士的姓名、肖像、名誉、荣誉的行为，英雄烈士的近亲属可以依法向人民法院提起诉讼，法律援助机构应当依法提供法律援助，不受经济困难条件的限制。

2. 因见义勇为行为主张相关民事权益。见义勇为人员因实施见义勇为行为导致自身权益受到侵害，主张损害赔偿等民事权益的，申请法律援助时不受经济困难条件的限制。

3. 再审改判无罪请求国家赔偿。依照审判监督程序再审改判无罪，原判刑罚已经执行或者原判罚金、没收财产已经执行的，受害人有取得国家赔偿的权利。再审改判无罪的当事人请求国家赔偿，不受经济困难条件的限制。

4. 遭受虐待、遗弃或者家庭暴力的受害人主张相关权益。虐待主要有两类：一是家庭成员之间的虐待。二是未成年人、老年人、精神病人、残疾人等特殊群体的照护机构，对被照护者的虐待。遗弃是指对于年老、年幼、患病或者其他没有独立生活能力的人，负有扶养义务而拒绝扶养的行为。根据《反家庭暴力法》的规定，家庭暴力是指家庭成员之间以殴打、捆绑、残害、限制人身自由以及经常性谩骂、恐吓等方式实施的身体、精神等侵害行为。家庭成员以外共同生活的人之间实施的暴力行为，也可适用《反家庭暴力法》的规定进行处理。

5. 法律、法规、规章规定的其他情形。除本法规定的不受经济困难条件限制的案件以外，法律、法规、规章也可以根据实际情况，规定不受经济困难条件限制的其他法律援助的案件范围。

● 实用问答

1. 问：英雄烈士被辱骂，近亲属可以申请法律援助吗？[①]

答：《英雄烈士保护法》第25条第1款规定，对侵害英雄烈士的姓名、肖像、名誉、荣誉的行为，英雄烈士的近亲属可以依法向人民法院提起诉讼。《法律援助法》第32条第1项规定，英雄烈士近亲属为维护英雄烈士的人格权益，可以向法律援助机构申请法律援助，且不受经济困难条件的限制。

还需要说明的是，辱骂英雄烈士的行为不仅构成侵权，甚至还有可能构成犯罪。作为英雄烈士的近亲属，既可以自行通过向法律援助机构申请法律援助来维护权益，也可以依法向公安机关报案，依法追究责任人的刑事责任。英雄烈士近亲属未提起相关民事诉讼的，检察机关依法、依职权也可提起民事公益诉讼，维护英雄烈士名誉和社会正气。

2. 问：因见义勇为行为遭受损失，可以申请法律援助吗？[②]

答：《法律援助法》第32条第2项规定，因见义勇为行为主张相关民事权益，可以向法律援助机构申请法律援助，且不受经济困难条件的限制。需要注意的是，因见义勇为行为申请法律援助的，应提供见义勇为的表彰或证明材料，申请事项内容也应能表明是有关见义勇为的民事权益。《民法典》第183条规定："因保护他人民事权益使自己受到损害的，由侵权人承担民事责任，受益人可以给予适当补偿。

[①] 上海市长宁区法律援助中心：《以案说法——法律援助法解读》，载司法部网站，http://www.moj.gov.cn/pub/sfbgw/jgsz/jgszzsdw/zsdwflyzzx/flyzzxzcxx/zcxxfyzl/202306/t20230621_481166.html，最后访问时间：2023年11月23日。

[②] 上海市长宁区法律援助中心：《以案说法——法律援助法解读》，载司法部网站，http://www.moj.gov.cn/pub/sfbgw/jgsz/jgszzsdw/zsdwflyzzx/flyzzxzcxx/zcxxfyzl/202306/t20230621_481166.html，最后访问时间：2023年11月23日。

没有侵权人、侵权人逃逸或者无力承担民事责任，受害人请求补偿的，受益人应当给予适当补偿。"见义勇为是社会良好道德风尚的体现，也是社会文明进步的重要标志之一，理应得到全社会的广泛推崇，见义勇为者的合法权益也理应得到法律的保护。法律援助工作不仅依法维护经济困难群体的合法权益，在弘扬社会正气、保护见义勇为行为的关键时刻，也始终在线，绝不缺位。

● *典型案例*

黑龙江省齐齐哈尔市龙江县法律援助中心对受家庭暴力妇女马某提供法律援助案（《司法部发布法律援助工作指导案例》之三）

马某和张某于2003年登记结婚，婚后育有一女张某某。因不堪忍受丈夫长期家暴，马某于2022年1月18日向黑龙江省齐齐哈尔市龙江县人民法院起诉，要求与张某离婚，并向龙江县妇联寻求帮助。2022年2月14日，龙江县妇联向龙江县法律援助中心反映了相关情况。龙江县法律援助中心立即与马某取得了联系，并与龙江县妇联、龙江县某派出所积极沟通核实了基本案情。

2022年2月21日，马某来到龙江县法律援助中心申请法律援助。龙江县法律援助中心为其开通绿色通道，根据《中华人民共和国法律援助法》相关规定，免予审查其经济困难情况，当即受理并指派某律师事务所张律师承办该案。

承办律师及时约见了马某，认真查阅了派出所提供的案件材料，掌握案件情况：2020年10月末，张某将马某的门牙打掉一颗。2021年，张某用剪刀将马某的腰部扎伤，创口深达1厘米，并打了拉架的女儿两个耳光。当时经派出所调解，马某对张某予以原谅。2022年1月，张某再次实施家暴，用拳头打伤马某颈部、胸部，打伤女儿面部、腰部。马某强烈要求离婚并平均分割财产。因受援人马某不能提供夫妻共同房屋的产权证明，承办律师来到龙江县公证处申请调取证据，查阅收集了涉案房屋的两份公证书，以证明房屋为婚后取得的共同财产。

2022年3月2日，龙江县人民法院开庭审理此案。庭审中，承办律师提出了以下代理意见：1. 原告提供的感情破裂证据符合法律规定，经调解无效，应当判决离婚；2. 原、被告女儿张某某虽已成年，但尚不能独立生活，应判决允许张某某与原告共同生活；3. 原夫妻共同财产应按照有利于原告的原则予以分割。

经龙江县人民法院调解，原被告同意离婚。2022年3月2日，龙江县人民法院出具了调解书：马某与张某离婚；婚后共同财产：张某名下位于龙江县龙江镇某村的三间瓦房（94㎡）、电动三轮车、农用四轮车、奇瑞牌小轿车、2021年度种植收入24000元归张某所有；张某于2022年3月2日前支付马某共同财产折价款25000元；双方无共同债务、无共同债权。

● **相关规定**

《法律援助条例》第10条、第14条

第三十三条　申诉、再审案件法律援助

当事人不服司法机关生效裁判或者决定提出申诉或者申请再审，人民法院决定、裁定再审或者人民检察院提出抗诉，因经济困难没有委托辩护人或者诉讼代理人的，本人及其近亲属可以向法律援助机构申请法律援助。

● **相关规定**

《关于刑事诉讼法律援助工作的规定》第5条

第三十四条 经济困难标准

经济困难的标准，由省、自治区、直辖市人民政府根据本行政区域经济发展状况和法律援助工作需要确定，并实行动态调整。

● **相关规定**

《法律援助条例》第5条、第13条；《办理法律援助案件程序规定》

第四章 程序和实施

第三十五条 法律援助及时告知义务

人民法院、人民检察院、公安机关和有关部门在办理案件或者相关事务中，应当及时告知有关当事人有权依法申请法律援助。

● **典型案例**

惠州市博罗县法律援助处对谢某平追索社保待遇损失提供法律援助案（《广东省司法厅发布2021年民事法律援助典型案例》）

谢某平于2013年9月16日入职某公司，任缝包工。2018年11月15日，某公司辞退谢某平，双方解除劳动关系。双方劳动关系存续期间，某公司未为谢某平办理社会保险手续和缴纳社保费用。2019年12月23日，谢某平通过网络问政的方式向社会保险基金管理局咨询，社会保险基金管理局于2019年12月24日明确谢某平已达到法定退休年龄，且未参加过社保。按照社会保险法，已无条件参保，也无法办理补缴。

谢某平于2020年7月28日来到博罗县法律援助处申请法律援助。

2020年7月30日,博罗县法律援助处指派某律师事务所李律师担任受援人谢某平在劳动仲裁阶段的代理人。

承办人员接受指派后,及时为受援人谢某平起草了劳动仲裁申请书,向博罗县劳动人事争议仲裁委员会提出仲裁申请,要求某公司向受援人谢某平赔偿基本养老保险损失47154.72元。

2020年8月10日,博罗县劳动人事争议仲裁委员会以受援人谢某平超过法定退休年龄作出不予受理通知书。受援人谢某平决定向人民法院提起诉讼。

2020年8月11日,受援人谢某平再次向博罗县法律援助处申请法律援助。2020年8月12日,博罗县法律援助处决定给予法律援助,并指派某律师事务所李律师担任受援人谢某平在一审阶段的代理人。承办人员接受指派后,为受援人谢某平起草了起诉书,请求博罗县人民法院判令某公司向受援人谢某平赔偿基本养老保险损失47154.72元。

2020年11月12日,博罗县人民法院作出一审判决,被告某公司应于本判决生效之日起十日内向原告赔偿基本养老保险损失43018.08元。

某公司不服一审判决,于2020年11月27日向惠州市中级人民法院提出上诉。2020年12月13日,受援人谢某平再次来到博罗县法律援助处申请法律援助。博罗县法律援助处继续指派某律师事务所李律师担任受援人谢某平在二审阶段的代理人。

惠州市中级人民法院进行书面审理,于2021年3月23日作出终审判决:驳回上诉,维持原判。

● *相关规定*

《关于刑事诉讼法律援助工作的规定》第5条、第24条;《关于依法保障律师执业权利的规定》第5条

第三十六条　刑事案件法律援助的通知指派程序

人民法院、人民检察院、公安机关办理刑事案件，发现有本法第二十五条第一款、第二十八条规定情形的，应当在三日内通知法律援助机构指派律师。法律援助机构收到通知后，应当在三日内指派律师并通知人民法院、人民检察院、公安机关。

● *相关规定*

《刑事诉讼法》第35条；《关于刑事诉讼法律援助工作的规定》第5条；《最高人民法院关于适用〈中华人民共和国刑事诉讼法〉的解释》第601条

第三十七条　值班律师的法律保障

人民法院、人民检察院、公安机关应当保障值班律师依法提供法律帮助，告知没有辩护人的犯罪嫌疑人、被告人有权约见值班律师，并依法为值班律师了解案件有关情况、阅卷、会见等提供便利。

● *相关规定*

《刑事诉讼法》第36条；《公安机关办理刑事案件程序规定》第49条；《人民检察院刑事诉讼规则》第267条

第三十八条　法律援助的管辖

对诉讼事项的法律援助，由申请人向办案机关所在地的法律援助机构提出申请；对非诉讼事项的法律援助，由申请人向争议处理机关所在地或者事由发生地的法律援助机构提出申请。

● **相关规定**

《法律援助条例》第 14 条；《办理法律援助案件程序规定》第 10 条

第三十九条　转交法律援助申请的程序

被羁押的犯罪嫌疑人、被告人、服刑人员，以及强制隔离戒毒人员等提出法律援助申请的，办案机关、监管场所应当在二十四小时内将申请转交法律援助机构。

犯罪嫌疑人、被告人通过值班律师提出代理、刑事辩护等法律援助申请的，值班律师应当在二十四小时内将申请转交法律援助机构。

● **条文注释**

被羁押的犯罪嫌疑人、被告人提出法律援助申请的，公安机关、人民检察院、人民法院应当在收到申请 24 小时内将其申请转交或者告知法律援助机构，并于 3 日内通知申请人的法定代理人、近亲属或者其委托的其他人员协助向法律援助机构提供证件、证明等相关材料。无法通知犯罪嫌疑人、被告人的法定代理人或者近亲属的，应当在转交申请时一并告知法律援助机构。

● **相关规定**

《公安机关办理刑事案件程序规定》第 47 条、第 49 条

第四十条　代为提出法律援助申请

无民事行为能力人或者限制民事行为能力人需要法律援助的，可以由其法定代理人代为提出申请。法定代理人侵犯无民事行为能力人、限制民事行为能力人合法权益的，其他法定代理

人或者近亲属可以代为提出法律援助申请。

被羁押的犯罪嫌疑人、被告人、服刑人员，以及强制隔离戒毒人员，可以由其法定代理人或者近亲属代为提出法律援助申请。

● **典型案例**

浙江省衢州市开化县法律援助中心对未成年人汪某抚养费纠纷提供法律援助案（《司法部发布12起法援惠民生典型案例》之五）

未成年人汪某是汪某东与李某婚生子女。2014年，汪某东与李某协议离婚，约定汪某跟随汪某东生活，李某每月承担汪某的生活费1000元，学费、医药费由汪某东和李某平摊。2017年10月1日，汪某东因涉嫌犯罪被刑事拘留，后被判处死刑，缓期二年执行。汪某东在监狱服刑期间，汪某跟随其祖父母生活。2020年2月10日，汪某的祖父去世，其跟随祖母生活。2020年5月，汪某的祖母携汪某来到浙江省衢州市开化县法律援助中心寻求帮助，称其年迈体弱，又是低保家庭，无力承担汪某的抚养费用，可汪某的生母李某与汪某东离婚后，仅支付了三个月的抚养费。

开化县法律援助中心认为汪某的情况符合法律援助条件，受理了其法律援助申请，指派某律师事务所律师康某承办此案。法律援助承办律师及时向汪某及其祖母了解情况，前往监狱会见了汪某东，并致电李某。因李某不愿意直接抚养汪某，汪某东及汪某本人也不愿意变更抚养关系，因此承办律师帮助汪某向法院提起抚养费纠纷诉讼，向李某主张抚养费，并提交了先予执行申请书。

法院支持了汪某的先予执行申请和诉请。判决生效后，汪某拿到了李某拖欠8年未支付的抚养费5.67万元，并约定此后李某向汪某每月按时支付抚养费1000元。拿到这笔钱，汪某重燃起对未来生活的希望。本案中，法律援助承办律师从未成年人利益最大化的原则出发，充分尊重未成年人及其双方监护人的意见，通过及时、高效的诉讼，有效维护了受援人的合法权益，充分体现了法律援助的价值作用。

● **相关规定**

《法律援助条例》第 16 条；《关于刑事诉讼法律援助工作的规定》第 7 条

第四十一条 经济困难状况的说明、核查及配合义务

因经济困难申请法律援助的，申请人应当如实说明经济困难状况。

法律援助机构核查申请人的经济困难状况，可以通过信息共享查询，或者由申请人进行个人诚信承诺。

法律援助机构开展核查工作，有关部门、单位、村民委员会、居民委员会和个人应当予以配合。

● **典型案例**

1. **新疆生产建设兵团第四师法律援助中心对颜某等 199 人追索劳动报酬提供法律援助案**（《司法部发布 12 起法援惠民生典型案例》之十二）

颜某等农民工在某建筑公司承建的工程项目从事建筑劳务工作，但劳务分包公司、建筑公司及发包方在 2 年多时间里均没有支付任何费用，累计拖欠 199 名农民工劳动报酬 367 万余元。2019 年 12 月初，颜某等人来到新疆生产建设兵团第四师法律援助中心申请法律援助，希望通过法律途径帮助他们维权。

第四师法律援助中心认为颜某等人的情况符合法律援助条件，对

他们免予经济困难审查，为他们办理了法律援助手续，并指派"1+1"中国法律援助志愿律师曾某承办此案。承办律师接受指派后，跟颜某等人取得联系，了解案件原委，搜集整理证据材料。彼时已临近年关，承办律师将199名农民工分成九个班组，准备起诉状、证据目录及证据明细、财产保全申请书，协助法院办理财产保全裁定的制作和送达等工作。在律师的努力下，法院及时完成在建工程的保全工作，将涉案农民工的劳动成果进行了查封冻结，保障了该案胜诉后的执行效果。

此后，法院对此案进行了10余次开庭审理。2020年11月，法院作出一审判决，判决劳务分包公司于判决生效后十五日内支付颜某等199人劳动报酬367万余元，建筑公司及发包方共同对劳务分包公司上述债务承担连带清偿责任。判决后，劳务分包公司提起上诉。二审法院驳回其上诉，维持一审判决。

2020年12月7日上午，颜某等10余人代表本案199名农民工来到第四师法律援助中心，向承办律师赠送锦旗，表达对法律援助中心和承办律师辛苦努力的感激之情。本案是一起农民工追索劳动报酬法律援助案件，涉案人数多，社会影响大。法律援助承办律师积极为受援人讲解相关法律知识，做好他们的心理安抚工作，引导他们依法维护自身权益，尽其所能帮助受援人讨回欠款，让受援人切实感受到公平和正义。

2. 安徽省安庆市宜秀区法律援助中心对胡某某机动车交通事故纠纷提供法律援助案（《司法部发布12起法援惠民生典型案例》之六）

胡某某系安徽省安庆市宜秀区农民工，以为他人装货卸货维持生计，妻子与唯一的女儿均是二级精神残疾人，系该村重点扶贫对象。2020年6月的一天，胡某某骑摩托车上工途中与一辆小型客车碰撞受伤,经医生诊断为左踝骨骨折。因家境困难,胡某某坚持门诊治疗,前后花费了医药费5400元,肇事者却拒绝赔偿。

9月18日,宜秀区大桥街道某村帮扶责任人到贫困户家中进行入户走访,当走访到胡某某家中,发放法律援助便民联系卡、宣传法律援助相关政策时,胡某某向帮扶责任人介绍了自身情况。该责任人当即建议胡某某到宜秀区法律援助中心申请法律援助,通过法律途径维护自身合法权益。9月21日,宜秀区法律援助中心接到胡某某申请后,立即为其开通"绿色通道",并指派某律师事务所律师承办该案。承办律师接到指派后,考虑到胡某某走动不方便,便赶到法援中心与胡某某见面,了解案件相关情况。随后,律师为胡某某准备好相关证据材料、列出具体的民事赔偿项目清单,并起草了相关诉讼法律文书。

立案时,承办律师考虑到胡某某家境困难,为了尽快解决该起交通事故纠纷,让胡某某早日拿到赔偿款,经与胡某某沟通决定选择诉前调解程序,并将案件起诉材料交到法院。

立案后,在法官主持下,承办律师与肇事车辆所在的保险公司联系,就胡某某赔付问题进行多次协商。最终,在法院法官和承办律师的共同努力下,肇事车辆所在的保险公司同意调解,并给出了公平合理的赔偿方案,即赔付胡某某因交通事故造成的损失共计28208元。2020年10月22日,双方在法院签订了调解协议。10月27日,胡某某收到了保险公司转账的赔偿款,案件圆满结束。

在"法援惠民生扶贫奔小康"品牌活动中,安徽省安庆市宜秀区推出一系列有效举措,其中一项便是与区扶贫办及乡镇(街道)扶贫办进行对接,要求每位帮扶责任人在对建档立卡贫困户进行定期走访时,主动引导有法律需求的贫困户申请法律援助,实现应援尽援。本案便是帮扶责任人在走访中引导当事人选择用法律维权的成功案例，充分彰显了法律援助为民服务理念。

● *相关规定*

《法律援助条例》第18条；《办理法律援助案件程序规定》第11条、第14~15条、第18条

第四十二条　免予核查经济困难状况的人员范围

法律援助申请人有材料证明属于下列人员之一的，免予核查经济困难状况：

（一）无固定生活来源的未成年人、老年人、残疾人等特定群体；

（二）社会救助、司法救助或者优抚对象；

（三）申请支付劳动报酬或者请求工伤事故人身损害赔偿的进城务工人员；

（四）法律、法规、规章规定的其他人员。

● *条文注释*

1. 无固定生活来源的未成年人、老年人、残疾人等特定群体。以上群体主要是指城市"三无"人员和农村"五保"供养人员等城乡特困人员，包括经县级民政部门或者乡镇人民政府、街道办事处审核确认，符合无劳动能力、无生活来源且无法定赡养、抚养、扶养义务人，或者其法定赡养、抚养、扶养义务人无赡养、抚养、扶养能力的未成年人、老年人、残疾人。

2. 社会救助、司法救助或者优抚对象。社会救助对象主要包括：最低生活保障家庭；特困人员；受灾人员；临时遇困家庭或者人员；

支出型贫困家庭;生活无着的流浪乞讨人员;需要急救,但身份不明或者无力支付费用的人员;低收入家庭;省、自治区、直辖市人民政府确定的其他特殊困难家庭或者人员。

国家司法救助对象包括:(1)刑事案件被害人受到犯罪侵害,致使重伤或严重残疾,因案件无法侦破造成生活困难的;或者因加害人死亡或没有赔偿能力,无法经过诉讼获得赔偿,造成生活困难的。(2)刑事案件被害人受到犯罪侵害危及生命,急需救治,无力承担医疗救治费用的。(3)刑事案件被害人受到犯罪侵害而死亡,因案件无法侦破造成依靠其收入为主要生活来源的近亲属生活困难的;或者因加害人死亡或没有赔偿能力,依靠被害人收入为主要生活来源的近亲属无法经过诉讼获得赔偿,造成生活困难的。(4)刑事案件被害人受到犯罪侵害,致使财产遭受重大损失,因案件无法侦破造成生活困难的;或者因加害人死亡或没有赔偿能力,无法经过诉讼获得赔偿,造成生活困难的。(5)举报人、证人、鉴定人因举报、作证、鉴定受到打击报复,致使人身受到伤害或财产受到重大损失,无法经过诉讼获得赔偿,造成生活困难的。(6)追索赡养费、扶养费、抚育费等,因被执行人没有履行能力,造成申请执行人生活困难的。(7)对于道路交通事故等民事侵权行为造成人身伤害,无法经过诉讼获得赔偿,造成生活困难的。(8)党委政法委和政法各单位根据实际情况,认为需要救助的其他人员。

申请国家司法救助人员,具有以下情形之一的,一般不予救助:对案件发生有重大过错的;无正当理由,拒绝配合查明犯罪事实的;故意作虚伪陈述或者伪造证据,妨害刑事诉讼的;在诉讼中主动放弃民事赔偿请求或拒绝加害责任人及其近亲属赔偿的;生活困难非案件原因所导致的;通过社会救助措施,已经得到合理补偿、救助的。对社会组织、法人，不予救助。

社会优抚是指国家和社会依照法律法规给予对国家和社会作出牺牲或者特殊贡献者及其家属的物质帮助、优待照顾、精神褒扬，包括各种优待、抚恤、补助、援助、养老、就业安置、褒扬革命烈士等。社会优抚的对象主要包括：现役军人、伤残军人、退役军人、国家机关伤残人员、革命烈士家属、因公牺牲军人家属、病故军人家属、现役军人家属。

3. 申请支付劳动报酬或者请求工伤事故人身损害赔偿的进城务工人员。进城务工人员一般也被称为农民工，是指户籍地在农村，进入城区务工，在当地或者异地从事非农业产业劳动6个月及以上，常住地在城区，以非农业收入为主要收入的劳动者。

4. 法律、法规、规章规定的其他人员。

（1）依据《刑事诉讼法》和本法第25条规定指派辩护人的，即刑事案件的犯罪嫌疑人、被告人属于下列人员之一，没有委托辩护人的，人民法院、人民检察院、公安机关应当通知法律援助机构指派律师担任辩护人：未成年人；视力、听力、言语残疾人；不能完全辨认自己行为的成年人；可能被判处无期徒刑、死刑的人；申请法律援助的死刑复核案件被告人；缺席审判案件的被告人；法律法规规定的其他人员。其他适用普通程序审理的刑事案件，被告人没有委托辩护人的，人民法院可以通知法律援助机构指派律师担任辩护人。

（2）依据《刑事诉讼法》和本法第28条规定指派诉讼代理律师的，即强制医疗案件的被申请人或者被告人没有委托诉讼代理人的，人民法院应当通知法律援助机构指派律师为其提供法律援助。

（3）依据本法第32条规定，当事人申请法律援助的，不受经济困难条件限制的，包括以下情形：英雄烈士近亲属为维护英雄烈士的人格权益；因见义勇为行为主张相关民事权益；再审改判无罪请求国家赔偿；遭受虐待、遗弃或者家庭暴力的受害人主张相关权益；法律、法规、规章规定的其他情形。

● **典型案例**

福建省福州市法律援助中心对林某工伤认定行政确认、工伤赔偿纠纷提供法律援助案①

受援人孔某是一名从河南远嫁到福州的中年家庭妇女。她的丈夫林某上班时猝死，全家上有一对古稀老人需要赡养，下有9岁幼儿需要抚养，原本全家收入靠林某一人维持，随着巨大变故发生，全家生活陷入绝境。2020年1月，鼓楼区人力资源和社会保障局作出裁决认定林某为工亡。然而紧接着，孔某收到法院的传票，通知她作为第三人参加物业公司诉鼓楼区社保局请求撤销工伤认定的行政确认诉讼。2020年4月，无助的孔某来到福州市法律援助中心求助，市中心经审查，认为林某属于农民工，林某一家经济困难，属于法律援助范围，当即审查指派办案经验丰富的某律师事务所傅律师承办该案。

法援律师接受指派的第二天就约见了孔某，了解到其丈夫林某是一名水电工，在某物业公司工作4年多，但物业公司未曾为林某缴纳社保。2019年11月8日10时许在单位工作时突然倒地，诊断为因心肌梗塞身亡。林某猝死的当天晚上，物业公司与孔某一家协商确定了远低于实际应赔款的数额30万元了结此案。但没过多久，物业公司认为林某是醉酒引发的猝死，对工伤认定不服，提起行政诉讼。法援律师查阅了对方的起诉状及提交的证据材料等，进一步了解到，物业

---

① 《福建省福州市法律援助中心对林某工伤认定行政确认、工伤赔偿纠纷提供法律援助案》，载中国法律服务网，http://alk.12348.gov.cn/Detail?dbID=46&dbName=FYGL&sysID=34726，最后访问时间：2023年12月2日。

公司提交了现场证人证言和公安机关的询问笔录，证明林某死亡时身上有很重的酒精味，属于醉酒状态。

法援律师经梳理案情发现，本案存在以下几个难点：1. 用人单位并未为林某缴纳社会保险，且对于进一步赔偿问题一直消极应对。2. 本案赔偿项目所涉及的供养亲属抚恤金，按司法实践，只能主张已发生的费用，后续费用将按月支付，林某的三位供养人为了得到后期的抚恤金可能需要面临长期多次诉讼的风险。为了帮这家人尽快获得足额赔偿，法援律师提出了两步走的策略，第一步准备材料作为第三人参加工伤认定行政确认的应诉，在此基础上，向劳动仲裁委员会提起工伤赔偿的民事诉讼。而林某是否因醉酒死亡是撤销工伤认定与否的焦点。

2020年7月，工伤认定行政确认诉讼庭审现场，法援律师结合收集的证据材料指出：首先，林某当天8点正常上班后，没有同事提出他醉酒，当天晚上在派出所调解现场以及事发第二天在社区卫生服务中心，也都没有提出林某存在醉酒的说法，而在事发当天下午，才有工作人员说"做人工呼吸时有闻到酒味"。其次，即使有酒味也不等于"醉酒"，根据《实施〈中华人民共和国社会保险法〉若干规定》规定，醉酒标准按照《车辆驾驶人员血液、呼气酒精含量阈值与检验》执行，公安机关交通管理部门、医疗机构等有关单位依法出具的检测结论、诊断证明等材料，可以作为认定醉酒的依据。社区卫生服务中心出具的《居民死亡医学证明》，证明林某死因是心肌梗塞。原告没有提交医疗机构等有关单位依法出具的检测结论、诊断证明等，仅凭工作人员的证言无法否定《居民死亡医学证明》认定的林某死亡原因是"心肌梗塞"的证明力，因此原告的主张证据不足，不能予以采纳。2020年8月，法院作出判决，驳回原告的诉讼请求。法援律师的代理意见得到了全部支持。然而，物业公司不服该判决，提起上诉。2020年10月，福州市中级人民法院驳回上诉维持原判。两审工伤认定行政确认诉讼终结。但物业公司依然拒绝进一步赔偿。据此，法援律师马不停蹄地拟定劳动仲裁申请书，向劳动仲裁委提出工伤赔偿的申请。庭审现场，法援律师指出，林某被认定为工伤的事实已不容置疑，其有权享受相应的工伤保险待遇。物业公司没有为林某缴纳工伤保险费，根据《工伤保险条例》第六十二条第二款"未参加工伤保险的用人单位职工发生工伤的，由该用人单位按照本条例规定的工伤保险待遇项目和标准支付"之规定，物业公司应当支付工伤赔偿费用。根据人力资源和社会保障部《实施〈中华人民共和国社会保险法〉若干规定》，福建省人力资源和社会保障厅、福建省财政厅关于印发《福建省工伤保险实行省级统筹实施意见》的通知（闽人社文〔2019〕49号）等相关规定，请求向林某一家支付一次性工亡补助金、丧葬补助金合计52.7万余元；自2019年11月起，每月发给林某儿子抚恤金，直至其18周岁为止，每月发给林某父母抚恤金，直至其去世为止。针对供养亲属的抚恤金发放标准成为庭审的争议焦点。物业公司提出主张应按林某月平均工资3000元的30%计算，即900元。法援律师指出，根据《工伤保险条例》相关规定，本条例所称本人工资，是指工伤职工因工作遭受事故伤害或者患职业病前12个月平均月缴费工资……本人工资低于统筹地区职工平均工资60%的，按照统筹地区职工平均工资的60%计算。2019年福建省在岗职工月平均工资是7031.17元，60%即4218.7元，林某工资3283.33元低于4218.7元，则抚恤金应按7031.17元的60%金额的30%即1265.61元每月向林某儿子、父母发放。

2020年12月，福州市鼓楼区劳动人事争议仲裁委员会作出裁决支持了法援律师的全部主张。但物业公司认为该裁决认定的赔付标准过高，又诉至法院。福州市法律援助中心第4次为林某一家提供法律援助，法援律师准备充分，庭审现场有力有据地批驳物业公司的无理缠诉。2021年9月，鼓楼区人民法院作出一审判决，继续支持了我方的全部诉讼请求。物业公司仍然不服提起上诉，福州市法律援助中心第5次提供法律援助。法援律师查阅了大量法律规定及案例，认为本案如果继续以诉讼判决进行，林某的三位供养人为了得到后期的抚恤金可能需要面临长期多次维权的风险，且若今后物业公司经营不善，可能无力偿还费用，甚至可能破产被注销而导致无财产可供强制执行，这就意味着未来的抚恤金很有可能无法落实。对于二位古稀老人和幼童来说，诉讼压力和风险都非常大。为减少当事人多次维权成本，在征得家属同意后，法援律师积极促成双方调解，最终双方在审理过程中达成协议：以各项工伤赔偿总金额78万元了结此案，扣除物业公司已支付的30万元，再支付48万元给林某一家，至此本案尘埃落定。

本案是一起典型的农民工因工死亡赔偿纠纷案件。案件穷尽了工伤赔偿所有的法律手段，经历了1次工伤认定申请、2次撤销工伤认定行政诉讼、1次劳动仲裁和2次工伤赔偿民事诉讼，前后经历2年多，最终为受援人一家争取到合理赔偿。本案最大的问题在于用人单位未缴纳社会保险，导致工亡发生后，除法律另有规定外只能要求用人单位支付工伤保险待遇，其中供养亲属抚恤金又属于不能要求一次性给付的赔偿项目。对于受供养的亲属而言，请求支付供养亲属抚恤金的时间成本、经济成本、精神压力、诉累风险几乎不可避免。法援律师据理力争，为受援人一家防范诉讼风险和避免诉累，争取到最大化的利益。

● **相关规定**

《办理法律援助案件程序规定》第11条、第14~15条、第18条

第四十三条　法律援助申请的审查和处理

法律援助机构应当自收到法律援助申请之日起七日内进行审查，作出是否给予法律援助的决定。决定给予法律援助的，应当自作出决定之日起三日内指派法律援助人员为受援人提供法律援助；决定不给予法律援助的，应当书面告知申请人，并说明理由。

申请人提交的申请材料不齐全的，法律援助机构应当一次性告知申请人需要补充的材料或者要求申请人作出说明。申请人未按要求补充材料或者作出说明的，视为撤回申请。

● **条文注释**

第一，本条对决定提供法律援助情形的期限作了规定。既有利于确保受援人及时获得法律援助服务，也能督促法律援助机构履行义务。

第二，决定不给予法律援助的，应当书面告知申请人，并说明理由。根据实践经验，申请人与申请事项之间没有直接利害关系、所申请事项不属于法定的法律援助事项范围、申请人不符合经济困难标准、所提交的申请不属于本法律援助机构受理等情形的，通常视为不符合法律援助条件。法律援助机构提供法律援助服务是一种行政给付行为，决定不给予法律援助时，应当书面告知并说明理由的规定。申请人对书面决定不服，可以通过申请复查、申请行政复议或者提起行政诉讼等方式进行救济。

第三，针对申请人提交材料不齐全的情况，本条明确法律援助机

构的告知义务，而且是一次性告知所需补充材料，或者申请人也可以对申请材料不齐全作出说明。这些规定体现出便利申请人的立法目的，减轻申请人的负担。

● *相关规定*

《法律援助条例》第18条；《办理法律援助案件程序规定》第14~23条

第四十四条　先行提供法律援助的情形

> 法律援助机构收到法律援助申请后，发现有下列情形之一的，可以决定先行提供法律援助：
>
> （一）距法定时效或者期限届满不足七日，需要及时提起诉讼或者申请仲裁、行政复议；
>
> （二）需要立即申请财产保全、证据保全或者先予执行；
>
> （三）法律、法规、规章规定的其他情形。
>
> 法律援助机构先行提供法律援助的，受援人应当及时补办有关手续，补充有关材料。

● *条文注释*

本条对先行提供法律援助服务的情形作了明确规定，这是法律援助服务方式创新的重要法律依据，也是对实践经验积累的肯定。法律援助机构先行提供法律援助服务的目的是确保特定情况下确有需要法律援助服务的申请人能够及时获得法律援助，保障自身的合法权益。

随着经济社会生活的不断发展，法律援助制度体系不断健全完善，法律援助门槛不断降低，法律援助覆盖面不断扩大，可以先行提供法律援助服务的情形会越来越多。除本法明确列举的几种可以先行提供法律援助的情形之外，符合其他法律、法规、规章规定的情形也可以先行提供法律援助。

● **相关规定**

《刑法》第 87~89 条；《民法典》第 188~199 条；《办理法律援助案件程序规定》第 21 条

第四十五条　为特定群体提供法律援助

法律援助机构为老年人、残疾人提供法律援助服务的，应当根据实际情况提供无障碍设施设备和服务。

法律法规对向特定群体提供法律援助有其他特别规定的，依照其规定。

● **典型案例**

1. **珠海高栏港经济区法律援助处对李某华民间借贷纠纷提供法律援助案**（《广东省司法厅发布 2021 年民事法律援助典型案例》）

受援人李某因幼年体弱多病，经常发高烧，导致大脑发育迟滞，思维似三岁孩儿。2011 年 3 月 9 日，受援人被中国残疾人联合会评为智力残疾人，伤残登记证为二级，由其父亲李某某担任其监护人。

2018 年 9 月 10 日，受援人监护人欲提取受援人伤残津贴时发现受援人的银行账户被冻结。受援人监护人多次奔走才从受冻银行处了解到，该银行账户被中山市第一人民法院采取了强制措施，且已经划走 5000 余元。受援人监护人知道该消息后，心急火燎地向当地居委会及司法所寻求帮助。作为驻点的村居律师林某在接到受援人监护人的求助后，向监护人从法律层面上分析了可能被冻结银行和扣划账户金额的情形；建议李某某以受援人监护人的身份与中山市第一人民法院沟通案情；针对李某的智力伤残的状态，建议监护人尽快向珠海市金湾区人民法院提出申请，将李某认定为限制行为能力人以便为后续维权做好准备。

受援人监护人于 2019 年 1 月 25 日向珠海高栏港经济区法律援助处寻求帮助。2019 年 1 月 28 日，珠海高栏港经济区法律援助处指派驻点的村居律师某律师事务所林律师担任受援人民间借贷纠纷一案再审阶段的代理人。

承办律师接受指派后，对调取的案卷进行研究，发现原审法院对该案的送达程序存在问题，在未穷尽送达途径的情况下就选择了公告送达，导致受援人无法参与庭审，失去了提出抗辩的权利，最终原审法院在受援人不知情的情况下作出民事判决。

随即，承办律师结合该案的特殊情形及相关法律规定对该案进行了详细的分析，并起草了再审申请书，于 2019 年 3 月 1 日向中山市第一人民法院提出了再审申请，请求撤销原审判决，且原一审及再审的诉讼费用均由被申请人陈某承担。

原审法院在收到再审申请后于 2019 年 3 月 26 日就该案展开了听证调查。原审法院在听取了承办律师的意见后，认为受援人再审申请符合《中华人民共和国民事诉讼法》第二百条规定的情形，裁定本案由法院另行组成合议庭再审。

2019 年 7 月 18 日，中山市第一人民法院另行组成合议庭再次进行听证，承办律师紧密围绕本案是否构成不当得利、受援人有无获利、陈某遭受损失与受援人之间是否存在因果关系、受援人是否为不当得利返还的主体等焦点问题据理力争。最终，陈某主动撤回起诉。再审法院于 2019 年 11 月 19 日裁定准许被申请人即原审原告陈某撤回起诉。受援人及其监护人对该判决结果非常满意，对承办律师的工作表示万分感激。

2. 重庆市酉阳县法律援助中心对陈某赡养纠纷提供法律援助案

(《司法部发布12起法援惠民生典型案例》之八)

陈某是重庆市酉阳土家族苗族自治县楠木乡某村的建档立卡贫困户，其含辛茹苦将8个儿女抚育成人。老伴儿去世后，陈某先是与大儿子生活了一段时间，后又搬到长期外出务工的小儿子家中居住。随着年纪越来越大，陈某生活无法自理，几个子女既不愿照料老人的生活起居，也不愿承担赡养老人的责任。

2020年4月14日，陈某委托亲属向酉阳县法律援助中心递交了法律援助申请。酉阳县法律援助中心认为陈某的情况符合法律援助条件，立即启动"绿色通道"，优先受理、优先审批，迅速指派某律师事务所律师易某承办此案。承办律师接受指派后，前往陈某家中了解案件详细情况，按照老人的诉求向酉阳县人民法院提起诉讼，要求8个子女履行赡养义务。

2020年5月8日上午，此案开庭审理。庭审中，承办律师用"法理情"相结合发表代理意见：本案中，陈某辛苦养大8个子女，晚年生活贫困且体弱多病，却因种种原因无人照顾。孝敬、赡养父母是子女应尽的法定义务，根据相关法律规定，子女应承担照顾老人的责任。听了律师入情入理的陈述，陈某的4个女儿认识到自己的错误，当庭表示愿意共同承担照顾母亲的责任。

庭审结束后，酉阳县人民法院依法作出判决：由老人的8个子女每人每月分别支付赡养费100元、护理费400元，并负责照顾老人的生活起居。本案中，受援人陈某已年过九旬且家境贫困，基本丧失了生活自理能力，是法律援助服务的重点对象。法律援助承办律师立足于案件事实，厘清法律关系，明确法律责任主体，掌握办案关键点，活用诉讼技巧，有效维护了受援老人的合法权益，彰显了法治的温暖。

● *相关规定*

《残疾人保障法》第53条；《老年人权益保障法》第64条

第四十六条　法律援助人员的法律援助义务

> 法律援助人员接受指派后，无正当理由不得拒绝、拖延或者终止提供法律援助服务。
>
> 法律援助人员应当按照规定向受援人通报法律援助事项办理情况，不得损害受援人合法权益。

● *条文注释*

具体办理法律援助的人员主要有四类，即律师、基层法律服务工作者、法律援助志愿者以及法律援助机构内具有律师资格或者法律职业资格的工作人员。根据《律师执业管理办法》的规定，律师应当按照国家规定履行法律援助义务，为受援人提供符合标准的法律服务，维护受援人的合法权益，不得拖延、懈怠履行或者擅自停止履行法律援助职责，或者未经律师事务所、法律援助机构同意，擅自将法律援助案件转交其他人员办理。

● *相关规定*

《律师执业管理办法》第45条；《律师事务所管理办法》第48条；《律师和律师事务所违法行为处罚办法》第9条、第28条；《办理法律援助案件程序规定》第24~28条

第四十七条　受援人的义务

> 受援人应当向法律援助人员如实陈述与法律援助事项有关的情况，及时提供证据材料，协助、配合办理法律援助事项。

● **相关规定**

《办理法律援助案件程序规定》第 21 条

第四十八条　终止法律援助的情形

有下列情形之一的,法律援助机构应当作出终止法律援助的决定:

（一）受援人以欺骗或者其他不正当手段获得法律援助;

（二）受援人故意隐瞒与案件有关的重要事实或者提供虚假证据;

（三）受援人利用法律援助从事违法活动;

（四）受援人的经济状况发生变化,不再符合法律援助条件;

（五）案件终止审理或者已经被撤销;

（六）受援人自行委托律师或者其他代理人;

（七）受援人有正当理由要求终止法律援助;

（八）法律法规规定的其他情形。

法律援助人员发现有前款规定情形的,应当及时向法律援助机构报告。

● **条文注释**

法律援助工作承担着维护社会公平正义、保护司法权威和司法公信力等重要职能。法律援助制度旨在更好地保障民生,保护经济困难群众和特殊群体的合法权益。因此在法律援助的过程中,一旦遇到骗取法律援助、以不正当目的获得法律援助等情形,或者存在借法律援助从事非法活动等与法律援助制度初衷相冲突的行为,法律援助应当及时终止。同样，一旦受援人经济状况改善，自行委托律师或其他代理人的，法律援助应当终止。

● *相关规定*

《法律援助条例》第 23 条；《办理法律援助案件程序规定》第 39 条

第四十九条　异议的提出、处理与救济

申请人、受援人对法律援助机构不予法律援助、终止法律援助的决定有异议的，可以向设立该法律援助机构的司法行政部门提出。

司法行政部门应当自收到异议之日起五日内进行审查，作出维持法律援助机构决定或者责令法律援助机构改正的决定。

申请人、受援人对司法行政部门维持法律援助机构决定不服的，可以依法申请行政复议或者提起行政诉讼。

● *相关规定*

《法律援助条例》第 19 条；《关于刑事诉讼法律援助工作的规定》第 23 条；《办理法律援助案件程序规定》第 19 条、第 22~23 条、第 39 条

第五十条　法律援助人员的报告与提交材料义务

法律援助事项办理结束后，法律援助人员应当及时向法律援助机构报告，提交有关法律文书的副本或者复印件、办理情况报告等材料。

● **相关规定**

《法律援助条例》第 24 条

第五章 保障和监督

第五十一条 **法律援助信息共享和工作协同**

国家加强法律援助信息化建设，促进司法行政部门与司法机关及其他有关部门实现信息共享和工作协同。

第五十二条 **法律援助补贴**

法律援助机构应当依照有关规定及时向法律援助人员支付法律援助补贴。

法律援助补贴的标准，由省、自治区、直辖市人民政府司法行政部门会同同级财政部门，根据当地经济发展水平和法律援助的服务类型、承办成本、基本劳务费用等确定，并实行动态调整。

法律援助补贴免征增值税和个人所得税。

● **条文注释**

法律援助补贴是指法律援助机构按照规定支付给律师、基层法律服务工作者、法律援助志愿者等法律援助事项承办人员的费用。

● **相关规定**

《法律援助条例》第 24 条

第五十三条 对受援人、法律援助人员的费用减免

人民法院应当根据情况对受援人缓收、减收或者免收诉讼费用;对法律援助人员复制相关材料等费用予以免收或者减收。

公证机构、司法鉴定机构应当对受援人减收或者免收公证费、鉴定费。

● *相关规定*

《关于刑事诉讼法律援助工作的规定》第20条;《关于依法保障律师执业权利的规定》第14条

第五十四条 法律援助人员培训

县级以上人民政府司法行政部门应当有计划地对法律援助人员进行培训,提高法律援助人员的专业素质和服务能力。

● *相关规定*

《法律援助条例》第5条

第五十五条 受援人知情权、投诉权及请求更换权

受援人有权向法律援助机构、法律援助人员了解法律援助事项办理情况;法律援助机构、法律援助人员未依法履行职责的,受援人可以向司法行政部门投诉,并可以请求法律援助机构更换法律援助人员。

● *相关规定*

《法律援助条例》第6条

第五十六条 法律援助工作投诉查处制度

司法行政部门应当建立法律援助工作投诉查处制度；接到投诉后，应当依照有关规定受理和调查处理，并及时向投诉人告知处理结果。

● **条文注释**

法律援助工作是否办得满意，当事人最有发言权。投诉查处是人民群众对法律援助工作进行监督的重要方式，能够及时纠正法律援助案件中被投诉人的违法违规行为和有效维护投诉人合法权益。《基层法律服务工作者管理办法》第 50 条规定，司法行政机关应当建立对基层法律服务工作者执业的投诉监督制度，设立投诉电话、投诉信箱，受理当事人和其他公民对基层法律服务工作者违法违纪行为的投诉，将调查处理结果告知投诉人。

● **相关规定**

《基层法律服务工作者管理办法》第 50 条；《法律援助投诉处理办法》

第五十七条 法律援助服务的监督、服务质量标准和考核

司法行政部门应当加强对法律援助服务的监督，制定法律援助服务质量标准，通过第三方评估等方式定期进行质量考核。

● **相关规定**

《法律援助条例》第 6 条、第 26 条

第五十八条　法律援助信息公开制度

司法行政部门、法律援助机构应当建立法律援助信息公开制度，定期向社会公布法律援助资金使用、案件办理、质量考核结果等情况，接受社会监督。

● *相关规定*

《基层法律服务所管理办法》第 24 条

第五十九条　法律援助服务质量督促

法律援助机构应当综合运用庭审旁听、案卷检查、征询司法机关意见和回访受援人等措施，督促法律援助人员提升服务质量。

第六十条　律师事务所、律师履行法律援助义务的年度考核

律师协会应当将律师事务所、律师履行法律援助义务的情况纳入年度考核内容，对拒不履行或者怠于履行法律援助义务的律师事务所、律师，依照有关规定进行惩戒。

● *相关规定*

《律师事务所年度检查考核办法》第 16 条

第六章 法律责任

第六十一条 法律援助机构及其工作人员的法律责任

法律援助机构及其工作人员有下列情形之一的,由设立该法律援助机构的司法行政部门责令限期改正;有违法所得的,责令退还或者没收违法所得;对直接负责的主管人员和其他直接责任人员,依法给予处分:

(一)拒绝为符合法律援助条件的人员提供法律援助,或者故意为不符合法律援助条件的人员提供法律援助;

(二)指派不符合本法规定的人员提供法律援助;

(三)收取受援人财物;

(四)从事有偿法律服务;

(五)侵占、私分、挪用法律援助经费;

(六)泄露法律援助过程中知悉的国家秘密、商业秘密和个人隐私;

(七)法律法规规定的其他情形。

● **相关规定**

《法律援助条例》第26条、第28条、第29条

第六十二条 律师事务所、基层法律服务所的法律责任

律师事务所、基层法律服务所有下列情形之一的,由司法行政部门依法给予处罚:

(一)无正当理由拒绝接受法律援助机构指派;

（二）接受指派后，不及时安排本所律师、基层法律服务工作者办理法律援助事项或者拒绝为本所律师、基层法律服务工作者办理法律援助事项提供支持和保障；

（三）纵容或者放任本所律师、基层法律服务工作者怠于履行法律援助义务或者擅自终止提供法律援助；

（四）法律法规规定的其他情形。

● *相关规定*

《法律援助法》第 27 条

第六十三条 律师、基层法律服务工作者的法律责任

律师、基层法律服务工作者有下列情形之一的，由司法行政部门依法给予处罚：

（一）无正当理由拒绝履行法律援助义务或者怠于履行法律援助义务；

（二）擅自终止提供法律援助；

（三）收取受援人财物；

（四）泄露法律援助过程中知悉的国家秘密、商业秘密和个人隐私；

（五）法律法规规定的其他情形。

● *相关规定*

《法律援助法》第 28~29 条

第六十四条　受援人的法律责任

受援人以欺骗或者其他不正当手段获得法律援助的，由司法行政部门责令其支付已实施法律援助的费用，并处三千元以下罚款。

第六十五条　冒用法律援助名义提供法律服务并谋利的法律责任

违反本法规定，冒用法律援助名义提供法律服务并谋取利益的，由司法行政部门责令改正，没收违法所得，并处违法所得一倍以上三倍以下罚款。

第六十六条　国家机关及其工作人员渎职的责任

国家机关及其工作人员在法律援助工作中滥用职权、玩忽职守、徇私舞弊的，对直接负责的主管人员和其他直接责任人员，依法给予处分。

● **条文注释**

滥用职权是指国家机关工作人员超越职权，违法决定、处理其无权决定、处理的事项，或者违反规定处理公务的行为。

玩忽职守是指国家机关工作人员不负责任，不履行或者不认真履行职责的行为。

徇私舞弊是指国家机关工作人员为徇个人私情、私利，不秉公执法，置国家和人民利益于不顾的行为。

滥用职权、玩忽职守、徇私舞弊，三者只要满足其中之一即可。

● **相关规定**

《法律援助条例》第 30 条

第六十七条　刑事责任

违反本法规定，构成犯罪的，依法追究刑事责任。

第七章　附　　则

第六十八条　群团组织开展法律援助的法律适用

工会、共产主义青年团、妇女联合会、残疾人联合会等群团组织开展法律援助工作，参照适用本法的相关规定。

● *典型案例*

吉林省长春市宽城区法律援助中心对赵某某离婚财产纠纷提供法律援助案（《司法部发布12起法援惠民生典型案例》之二）

2020年"五一"假期刚过，吉林省长春市宽城区法律援助中心接到赵某某的咨询电话，其称已年过六旬，年轻时跟丈夫一起办企业，因过度操劳落下一身毛病，如今丈夫又有了外遇，欲将她抛弃。赵某某想起诉离婚，请求宽城区法律援助中心帮她主持公道。

宽城区法律援助中心经审核，认为赵某某的情况符合法律援助条件，决定为其提供法律援助，并指派律师承办此案。承办律师帮助赵某某通过网上立案。案件庭前第一次调解过程中，被告不承认家中有90万元共同存款的事实，使案件调解陷入僵局。

开庭当天，法官给双方先行协商的机会，承办律师通过出示结婚证和企业的营业执照等证据，证明企业是在夫妻关系存续期间成立和经营的，是夫妻二人的主要生活来源，其收益应当作为夫妻共同财产分割。在承办律师的努力下，被告终于承认双方在共同经营企业过程中积攒下90万元存款的事实，同意存款对半分割，但要求分割房产时应扣除分割财产45万元的份额。承办律师向被告讲解分割财产男女平等，债权债务应平均分配，指出原告失去劳动能力没有生活来源，分割财产时理应对其有所照顾。

最终，被告答应放弃分割住房款，原告也不追究被告出轨的责任，放弃了自己要求多分5万元的诉讼请求。至此，双方就财产分割达成一致，案件调解成功。

这是一起法律援助维护妇女合法权益的典型案例。本案中，法律援助承办律师充分利用法理和情理对被告进行感化，使被告接受调解并认可调解结果。这种方式节约了当事人的时间，减轻了其诉讼负累，实现了较好的社会效果。

● 相关规定

《残疾人就业条例》第24条

第六十九条　对外国人和无国籍人提供法律援助的法律适用

对外国人和无国籍人提供法律援助，我国法律有规定的，适用法律规定；我国法律没有规定的，可以根据我国缔结或者参加的国际条约，或者按照互惠原则，参照适用本法的相关规定。

● 相关规定

《刑事诉讼法》第18条

第七十条　对军人军属提供法律援助办法的制定

对军人军属提供法律援助的具体办法，由国务院和中央军事委员会有关部门制定。

● **实用问答**

问：军人军属合法权益受侵害，如何申请法律援助？[①]

答：《军人地位和权益保障法》第 61 条规定："军人、军人家属和烈士、因公牺牲军人、病故军人的遗属维护合法权益遇到困难的，法律援助机构应当依法优先提供法律援助，司法机关应当依法优先提供司法救助。"《法律援助法》第 70 条规定："对军人军属提供法律援助的具体办法，由国务院和中央军事委员会有关部门制定。"该条授权性规定为军人军属法律援助工作留下了广阔空间。根据《军人军属法律援助工作实施办法》的规定，"军人""军属"包含的主体更全面、覆盖面更大，法律援助的事项更多、案件类型更广，法律援助受理和办理机制更优先、更便捷，法律援助审核所需的材料更少、受理门槛更低。

● **典型案例**

1. 广州市法律援助处对抗美援朝老兵高某波返还原物纠纷提供法律援助案（《广东省司法厅发布 2021 年民事法律援助典型案例》）

高某波现年 86 岁，曾参加过抗美援朝战役，在部队担任军医。后来在工作中因公致六级残疾，转业地方工作后继续从事医务工作，曾获"最美劳动英模""全国五一时代英模"等荣誉。高某波、颜某为夫妻关系，高某军为高某波、颜某的儿子，高某为高某军的儿子。高某军为购买景某苑小区 204 房向高某波、颜某借款 12 万元，并于 2002 年 9 月 18 日向高某波、颜某出具借据："今借父母高某波、颜某购房款壹拾贰万元整。该款按年息 5% 计算，每年 10 月 1 日还利息。

---

① 上海市长宁区法律援助中心：《以案说法——法律援助法解读》，载司法部网站，http://www.moj.gov.cn/pub/sfbgw/jgsz/jgszzsdw/zsdwflyzzx/flyzzxzcxx/zcxxfyzl/202306/t20230621_481166.html，最后访问时间：2023 年 11 月 23 日。

借款壹拾贰万元分作 6 年归还，每年还款贰万元，6 年后还不清欠款，房屋归父母所有。"高某波、颜某按借据的内容将上述款项交付给高某军。但自 2002 年 9 月 18 日以来，高某军未向高某波、颜某清偿过借款本金 12 万元及利息。

艺某南路 203 房是高某波、颜某夫妻二人共有房产，高某军十年来一直在此居住。后来高某军到深圳市工作，遂将艺某南路 203 房出租他人使用。高某波、颜某在生活上、学习上一直照顾高某，高某军没有负担高某的读书费用、生活费用，且缺少对高某波、颜某的关爱，甚至在高某波住院做手术、进 ICU，颜某住院做插管手术，高某军也没有尽到赡养义务去照顾两位老人。

高某波、颜某于 2020 年 1 月 7 日向广州市海珠区人民法院提起民事诉讼，要求高某军搬离艺某南路 203 房。广州市海珠区人民法院认为高某波、颜某与高某军双方确认高某军向高某波、颜某借款购买景某苑小区 204 房，该房屋应属于高某军所有，遂判决驳回高某波、颜某全部诉讼请求。

高某波、颜某拿到一审判决书后，非常气愤，认为一审判决不公，高某军应当搬离艺某南路 203 房。2020 年 8 月 7 日星期五临近下班时分，高某波、颜某来到广州市法律援助处申请法律援助，广州市法律援助处开通绿色通道，快速办理受理审批手续，不到半小时即按程序指派了某律师事务所马律师承办本案。

承办律师接受指派后，与助理一起带上电脑在第二天周六上午上门向高某波了解案件情况，搜集整理证据。承办律师认真研究了高某波、颜某提供的一审判决书及案件相关证据材料，重新梳理了办案思路，当天上午就为高某波、颜某拟写并打印了上诉状，当天下午通过邮政快递将上诉状邮寄给法院。

2020年12月21日，广州市中级人民法院组织开庭审理后，采纳了承办律师的代理意见。广州市中级人民法院判决撤销一审判决，高某军于二审判决送达之日起十日内腾空并交还艺某南路203房给高某波、颜某。

当高某波、颜某得知广州市中级人民法院改判的结果，欣喜万分。2021年1月5日，86岁高龄的退役军人高某波携妻子颜某将两面印有"德政可风善政亲民""为民公平正义担当"的锦旗送到广州市法律援助处，表达衷心的感谢！

2. 浙江省金华市磐安县法律援助中心为军属范某某交通事故责任纠纷提供法律援助案（《司法部发布贯彻实施法律援助法典型案例》之六）

2011年7月，范某某驾驶普通二轮摩托车在道路上行驶时，与对向直行的孔某某驾驶的货车相撞，造成车损及范某某受伤的交通事故。交警大队认定孔某某在本次事故中负次要责任。孔某某驾驶的货车车主为陈某某，该车在保险公司投保有第三者强制保险和第三者商业保险。

2012年7月，范某某在浙江省金华市磐安县法律援助中心指派的承办律师帮助下，在法院主持调解下与对方达成协议：1. 由某保险公司在保险范围内赔偿范某某医疗费、残疾赔偿金、后期护理费及精神损害抚慰金等损失239636.69元（后期护理费暂计10年）。2. 由陈某某赔偿范某某医疗费、残疾赔偿金、后期护理费及精神损害抚慰金等损失9895.87元。

2023年2月，范某某因10年护理期限已满，仍需继续护理，于是向磐安县法律援助中心再次申请法律援助。磐安县法律援助中心经审查认为，范某某儿子在部队服役，其妻子无固定工作，且有年迈的母亲需要赡养，符合《中华人民共和国法律援助法》和《军人军属法律援助工作实施办法》的规定，决定对其提供法律援助，指派某法律服务所的基层法律服务工作者戴某承办此案。

接受指派后，承办人查阅了2012年的案件卷宗，调取案涉驾驶员孔某某、车主陈某某的户籍信息及保险公司的企业信息、范某某的病历资料、司法鉴定意见书、民事调解书等证据材料。为帮助受援人尽快获得后续护理费，承办人主动与保险公司人员联系沟通，建议保险公司派人对范某某现有的身体状况予以现场确认，尽快决定是否需要进行护理依赖程度的重新鉴定。保险公司在派人与范某某接触后，放弃了重新鉴定的想法。同时，承办人还积极与保险公司接触，希望能寻求一次性解决方案。关于范某某护理依赖的赔偿标准，根据《浙江省高级人民法院关于人身损害赔偿项目计算标准的指引》，承办人提出，应当适用最新的护理费用赔偿标准，并明确提出了护理费用数额。经过多轮沟通，双方达成了调解协议，磐安县人民法院作出了（2023）浙0727民初414号民事调解书，由某保险公司再支付范某某10年的后续护理费166150.92元。目前款项已履行到位。

本案既是交通事故引发的人身损害赔偿案件，属于法律援助法援助事项范围的案件类型，同时也是一起军属维权的案件。依法实施法律援助，维护军人军属的合法权益，是法律援助机构的重要职责。本案由于时间跨度大，比较考验承办律师的办案能力。案件办理中，承办律师通过多方收集证据，主动与保险公司沟通并寻求一次性解决方案，最终促成案件调解结案，让受援人范某某获得最大限度的赔偿，解决了其后续护理费用的实际问题，还帮助其减轻了负担，体现了法律援助"惠民生、暖民心"的价值追求。

第七十一条　实施日期

本法自2022年1月1日起施行。

附　录

中华人民共和国
未成年人保护法（节录）

（1991年9月4日第七届全国人民代表大会常务委员会第二十一次会议通过　2006年12月29日第十届全国人民代表大会常务委员会第二十五次会议第一次修订　根据2012年10月26日第十一届全国人民代表大会常务委员会第二十九次会议《关于修改〈中华人民共和国未成年人保护法〉的决定》修正　2020年10月17日第十三届全国人民代表大会常务委员会第二十二次会议第二次修订　2020年10月17日中华人民共和国主席令第57号公布　自2021年6月1日起施行）

……

第一百零四条　对需要法律援助或者司法救助的未成年人，法律援助机构或者公安机关、人民检察院、人民法院和司法行政部门应当给予帮助，依法为其提供法律援助或者司法救助。

法律援助机构应当指派熟悉未成年人身心特点的律师为未成年人提供法律援助服务。

法律援助机构和律师协会应当对办理未成年人法律援助案件的律师进行指导和培训。

……

第一百一十一条　公安机关、人民检察院、人民法院应当与其他有关政府部门、人民团体、社会组织互相配合，对遭受性侵害或者暴力伤害的未成年被害人及其家庭实施必要的心理干预、经济救助、法律援助、转学安置等保护措施。

……

第一百一十六条 国家鼓励和支持社会组织、社会工作者参与涉及未成年人案件中未成年人的心理干预、法律援助、社会调查、社会观护、教育矫治、社区矫正等工作。

……

中华人民共和国
老年人权益保障法（节录）

（1996年8月29日第八届全国人民代表大会常务委员会第二十一次会议通过 根据2009年8月27日第十一届全国人民代表大会常务委员会第十次会议《关于修改部分法律的决定》第一次修正 2012年12月28日第十一届全国人民代表大会常务委员会第三十次会议修订 根据2015年4月24日第十二届全国人民代表大会常务委员会第十四次会议《关于修改〈中华人民共和国电力法〉等六部法律的决定》第二次修正 根据2018年12月29日第十三届全国人民代表大会常务委员会第七次会议《关于修改〈中华人民共和国劳动法〉等七部法律的决定》第三次修正）

……

第五十六条 老年人因其合法权益受侵害提起诉讼交纳诉讼费确有困难的，可以缓交、减交或者免交；需要获得律师帮助，但无力支付律师费用的，可以获得法律援助。

鼓励律师事务所、公证处、基层法律服务所和其他法律服务机构为经济困难的老年人提供免费或者优惠服务。

……

中华人民共和国刑事诉讼法（节录）

（1979年7月1日第五届全国人民代表大会第二次会议通过

根据1996年3月17日第八届全国人民代表大会第四次会议《关于修改〈中华人民共和国刑事诉讼法〉的决定》第一次修正

根据2012年3月14日第十一届全国人民代表大会第五次会议《关于修改〈中华人民共和国刑事诉讼法〉的决定》第二次修正

根据2018年10月26日第十三届全国人民代表大会常务委员会第六次会议《关于修改〈中华人民共和国刑事诉讼法〉的决定》第三次修正）

……

第三十五条　犯罪嫌疑人、被告人因经济困难或者其他原因没有委托辩护人的，本人及其近亲属可以向法律援助机构提出申请。对符合法律援助条件的，法律援助机构应当指派律师为其提供辩护。

犯罪嫌疑人、被告人是盲、聋、哑人，或者是尚未完全丧失辨认或者控制自己行为能力的精神病人，没有委托辩护人的，人民法院、人民检察院和公安机关应当通知法律援助机构指派律师为其提供辩护。

犯罪嫌疑人、被告人可能被判处无期徒刑、死刑，没有委托辩护人的，人民法院、人民检察院和公安机关应当通知法律援助机构指派律师为其提供辩护。

第三十六条 法律援助机构可以在人民法院、看守所等场所派驻值班律师。犯罪嫌疑人、被告人没有委托辩护人，法律援助机构没有指派律师为其提供辩护的，由值班律师为犯罪嫌疑人、被告人提供法律咨询、程序选择建议、申请变更强制措施、对案件处理提出意见等法律帮助。

人民法院、人民检察院、看守所应当告知犯罪嫌疑人、被告人有权约见值班律师，并为犯罪嫌疑人、被告人约见值班律师提供便利。

……

第三十九条 辩护律师可以同在押的犯罪嫌疑人、被告人会见和通信。其他辩护人经人民法院、人民检察院许可，也可以同在押的犯罪嫌疑人、被告人会见和通信。

辩护律师持律师执业证书、律师事务所证明和委托书或者法律援助公函要求会见在押的犯罪嫌疑人、被告人的，看守所应当及时安排会见，至迟不得超过四十八小时。

危害国家安全犯罪、恐怖活动犯罪案件，在侦查期间辩护律师会见在押的犯罪嫌疑人，应当经侦查机关许可。上述案件，侦查机关应当事先通知看守所。

辩护律师会见在押的犯罪嫌疑人、被告人，可以了解案件有关情况，提供法律咨询等；自案件移送审查起诉之日起，可以向犯罪嫌疑人、被告人核实有关证据。辩护律师会见犯罪嫌疑人、被告人时不被监听。

辩护律师同被监视居住的犯罪嫌疑人、被告人会见、通信，适用第一款、第三款、第四款的规定。

……

第二百七十八条 未成年犯罪嫌疑人、被告人没有委托辩护人的，人民法院、人民检察院、公安机关应当通知法律援助机构指派律师为其提供辩护。

……

第二百九十三条 人民法院缺席审判案件，被告人有权委托辩护人，被告人的近亲属可以代为委托辩护人。被告人及其近亲属没有委托辩护人的，人民法院应当通知法律援助机构指派律师为其提供辩护。

……

第三百零四条 人民法院受理强制医疗的申请后，应当组成合议庭进行审理。

人民法院审理强制医疗案件，应当通知被申请人或者被告人的法定代理人到场。被申请人或者被告人没有委托诉讼代理人的，人民法院应当通知法律援助机构指派律师为其提供法律帮助。

……

中华人民共和国残疾人保障法（节录）

（1990年12月28日第七届全国人民代表大会常务委员会第十七次会议通过　2008年4月24日第十一届全国人民代表大会常务委员会第二次会议修订　根据2018年10月26日第十三届全国人民代表大会常务委员会第六次会议《关于修改〈中华人民共和国野生动物保护法〉等十五部法律的决定》修正）

……

第六十条 残疾人的合法权益受到侵害的，有权要求有关部门依法处理，或者依法向仲裁机构申请仲裁，或者依法向人民法院提起诉讼。

对有经济困难或者其他原因确需法律援助或者司法救助的残疾人，当地法律援助机构或者人民法院应当给予帮助，依法为其提供法律援助或者司法救助。

……

中华人民共和国律师法（节录）

（1996年5月15日第八届全国人民代表大会常务委员会第十九次会议通过　根据2001年12月29日第九届全国人民代表大会常务委员会第二十五次会议《关于修改〈中华人民共和国律师法〉的决定》第一次修正　2007年10月28日第十届全国人民代表大会常务委员会第三十次会议修订　根据2012年10月26日第十一届全国人民代表大会常务委员会第二十九次会议《关于修改〈中华人民共和国律师法〉的决定》第二次修正　根据2017年9月1日第十二届全国人民代表大会常务委员会第二十九次会议《关于修改〈中华人民共和国法官法〉等八部法律的决定》第三次修正）

……

第二十八条　律师可以从事下列业务：

（一）接受自然人、法人或者其他组织的委托，担任法律顾问；

（二）接受民事案件、行政案件当事人的委托，担任代理人，参加诉讼；

（三）接受刑事案件犯罪嫌疑人、被告人的委托或者依法接受法律援助机构的指派，担任辩护人，接受自诉案件自诉人、公诉案件被害人或者其近亲属的委托，担任代理人，参加诉讼；

（四）接受委托，代理各类诉讼案件的申诉；

（五）接受委托，参加调解、仲裁活动；

（六）接受委托，提供非诉讼法律服务；

（七）解答有关法律的询问、代写诉讼文书和有关法律事务的其他文书。

……

第三十三条　律师担任辩护人的，有权持律师执业证书、律师事务所证明和委托书或者法律援助公函，依照刑事诉讼法的规定会见在押或者被监视居住的犯罪嫌疑人、被告人。辩护律师会见犯罪嫌疑人、被告人时不被监听。

第三十四条　律师担任辩护人的，自人民检察院对案件审查起诉之日起，有权查阅、摘抄、复制本案的案卷材料。

……

第四十二条　律师、律师事务所应当按照国家规定履行法律援助义务，为受援人提供符合标准的法律服务，维护受援人的合法权益。

……

第四十七条　律师有下列行为之一的，由设区的市级或者直辖市的区人民政府司法行政部门给予警告，可以处五千元以下的罚款；有违法所得的，没收违法所得；情节严重的，给予停止执业三个月以下的处罚：

（一）同时在两个以上律师事务所执业的；

（二）以不正当手段承揽业务的；

（三）在同一案件中为双方当事人担任代理人，或者代理与本人及其近亲属有利益冲突的法律事务的；

（四）从人民法院、人民检察院离任后二年内担任诉讼代理人或者辩护人的；

（五）拒绝履行法律援助义务的。

......

第五十条 律师事务所有下列行为之一的，由设区的市级或者直辖市的区人民政府司法行政部门视其情节给予警告、停业整顿一个月以上六个月以下的处罚，可以处十万元以下的罚款；有违法所得的，没收违法所得；情节特别严重的，由省、自治区、直辖市人民政府司法行政部门吊销律师事务所执业证书：

（一）违反规定接受委托、收取费用的；

（二）违反法定程序办理变更名称、负责人、章程、合伙协议、住所、合伙人等重大事项的；

（三）从事法律服务以外的经营活动的；

（四）以诋毁其他律师事务所、律师或者支付介绍费等不正当手段承揽业务的；

（五）违反规定接受有利益冲突的案件的；

（六）拒绝履行法律援助义务的；

（七）向司法行政部门提供虚假材料或者有其他弄虚作假行为的；

（八）对本所律师疏于管理，造成严重后果的。

律师事务所因前款违法行为受到处罚的，对其负责人视情节轻重，给予警告或者处二万元以下的罚款。

......

法律援助条例

(2003年7月16日国务院第15次常务会议通过 2003年7月21日中华人民共和国国务院令第385号公布 自2003年9月1日起施行)

第一章 总 则

第一条 为了保障经济困难的公民获得必要的法律服务,促进和规范法律援助工作,制定本条例。

第二条 符合本条例规定的公民,可以依照本条例获得法律咨询、代理、刑事辩护等无偿法律服务。

第三条 法律援助是政府的责任,县级以上人民政府应当采取积极措施推动法律援助工作,为法律援助提供财政支持,保障法律援助事业与经济、社会协调发展。

法律援助经费应当专款专用,接受财政、审计部门的监督。

第四条 国务院司法行政部门监督管理全国的法律援助工作。县级以上地方各级人民政府司法行政部门监督管理本行政区域的法律援助工作。

中华全国律师协会和地方律师协会应当按照律师协会章程对依据本条例实施的法律援助工作予以协助。

第五条 直辖市、设区的市或者县级人民政府司法行政部门根据需要确定本行政区域的法律援助机构。

法律援助机构负责受理、审查法律援助申请,指派或者安排人员为符合本条例规定的公民提供法律援助。

第六条 律师应当依照律师法和本条例的规定履行法律援助义务，为受援人提供符合标准的法律服务，依法维护受援人的合法权益，接受律师协会和司法行政部门的监督。

第七条 国家鼓励社会对法律援助活动提供捐助。

第八条 国家支持和鼓励社会团体、事业单位等社会组织利用自身资源为经济困难的公民提供法律援助。

第九条 对在法律援助工作中作出突出贡献的组织和个人，有关的人民政府、司法行政部门应当给予表彰、奖励。

第二章　法律援助范围

第十条 公民对下列需要代理的事项，因经济困难没有委托代理人的，可以向法律援助机构申请法律援助：

（一）依法请求国家赔偿的；

（二）请求给予社会保险待遇或者最低生活保障待遇的；

（三）请求发给抚恤金、救济金的；

（四）请求给付赡养费、抚养费、扶养费的；

（五）请求支付劳动报酬的；

（六）主张因见义勇为行为产生的民事权益的。

省、自治区、直辖市人民政府可以对前款规定以外的法律援助事项作出补充规定。

公民可以就本条第一款、第二款规定的事项向法律援助机构申请法律咨询。

第十一条 刑事诉讼中有下列情形之一的，公民可以向法律援助机构申请法律援助：

（一）犯罪嫌疑人在被侦查机关第一次讯问后或者采取强制措施之日起，因经济困难没有聘请律师的；

（二）公诉案件中的被害人及其法定代理人或者近亲属，自案件移送审查起诉之日起，因经济困难没有委托诉讼代理人的；

（三）自诉案件的自诉人及其法定代理人，自案件被人民法院受理之日起，因经济困难没有委托诉讼代理人的。

第十二条 公诉人出庭公诉的案件，被告人因经济困难或者其他原因没有委托辩护人，人民法院为被告人指定辩护时，法律援助机构应当提供法律援助。

被告人是盲、聋、哑人或者未成年人而没有委托辩护人的，或者被告人可能被判处死刑而没有委托辩护人的，人民法院为被告人指定辩护时，法律援助机构应当提供法律援助，无须对被告人进行经济状况的审查。

第十三条 本条例所称公民经济困难的标准，由省、自治区、直辖市人民政府根据本行政区域经济发展状况和法律援助事业的需要规定。

申请人住所地的经济困难标准与受理申请的法律援助机构所在地的经济困难标准不一致的，按照受理申请的法律援助机构所在地的经济困难标准执行。

第三章　法律援助申请和审查

第十四条 公民就本条例第十条所列事项申请法律援助，应当按照下列规定提出：

（一）请求国家赔偿的，向赔偿义务机关所在地的法律援助机构提出申请；

（二）请求给予社会保险待遇、最低生活保障待遇或者请求发给抚恤金、救济金的，向提供社会保险待遇、最低生活保障待遇或者发给抚恤金、救济金的义务机关所在地的法律援助机构提出申请；

（三）请求给付赡养费、抚养费、扶养费的，向给付赡养费、抚养费、扶养费的义务人住所地的法律援助机构提出申请；

（四）请求支付劳动报酬的，向支付劳动报酬的义务人住所地的法律援助机构提出申请；

（五）主张因见义勇为行为产生的民事权益的，向被请求人住所地的法律援助机构提出申请。

第十五条　本条例第十一条所列人员申请法律援助的，应当向审理案件的人民法院所在地的法律援助机构提出申请。被羁押的犯罪嫌疑人的申请由看守所在24小时内转交法律援助机构，申请法律援助所需提交的有关证件、证明材料由看守所通知申请人的法定代理人或者近亲属协助提供。

第十六条　申请人为无民事行为能力人或者限制民事行为能力人的，由其法定代理人代为提出申请。

无民事行为能力人或者限制民事行为能力人与其法定代理人之间发生诉讼或者因其他利益纠纷需要法律援助的，由与该争议事项无利害关系的其他法定代理人代为提出申请。

第十七条　公民申请代理、刑事辩护的法律援助应当提交下列证件、证明材料：

（一）身份证或者其他有效的身份证明，代理申请人还应当提交有代理权的证明；

（二）经济困难的证明；

（三）与所申请法律援助事项有关的案件材料。

申请应当采用书面形式，填写申请表；以书面形式提出申请确有困难的，可以口头申请，由法律援助机构工作人员或者代为转交申请的有关机构工作人员作书面记录。

第十八条 法律援助机构收到法律援助申请后，应当进行审查；认为申请人提交的证件、证明材料不齐全的，可以要求申请人作出必要的补充或者说明，申请人未按要求作出补充或者说明的，视为撤销申请；认为申请人提交的证件、证明材料需要查证的，由法律援助机构向有关机关、单位查证。

对符合法律援助条件的，法律援助机构应当及时决定提供法律援助；对不符合法律援助条件的，应当书面告知申请人理由。

第十九条 申请人对法律援助机构作出的不符合法律援助条件的通知有异议的，可以向确定该法律援助机构的司法行政部门提出，司法行政部门应当在收到异议之日起5个工作日内进行审查，经审查认为申请人符合法律援助条件的，应当以书面形式责令法律援助机构及时对该申请人提供法律援助。

第四章 法律援助实施

第二十条 由人民法院指定辩护的案件，人民法院在开庭10日前将指定辩护通知书和起诉书副本或者判决书副本送交其所在地的法律援助机构；人民法院不在其所在地审判的，可以将指定辩护通知书和起诉书副本或者判决书副本送交审判地的法律援助机构。

第二十一条 法律援助机构可以指派律师事务所安排律师或者安排本机构的工作人员办理法律援助案件；也可以根据其他社会组织的要求，安排其所属人员办理法律援助案件。对人民法院指定辩护的案件，法律援助机构应当在开庭3日前将确定的承办人员名单回复作出指定的人民法院。

第二十二条　办理法律援助案件的人员，应当遵守职业道德和执业纪律，提供法律援助不得收取任何财物。

第二十三条　办理法律援助案件的人员遇有下列情形之一的，应当向法律援助机构报告，法律援助机构经审查核实的，应当终止该项法律援助：

（一）受援人的经济收入状况发生变化，不再符合法律援助条件的；

（二）案件终止审理或者已被撤销的；

（三）受援人又自行委托律师或者其他代理人的；

（四）受援人要求终止法律援助的。

第二十四条　受指派办理法律援助案件的律师或者接受安排办理法律援助案件的社会组织人员在案件结案时，应当向法律援助机构提交有关的法律文书副本或者复印件以及结案报告等材料。

法律援助机构收到前款规定的结案材料后，应当向受指派办理法律援助案件的律师或者接受安排办理法律援助案件的社会组织人员支付法律援助办案补贴。

法律援助办案补贴的标准由省、自治区、直辖市人民政府司法行政部门会同同级财政部门，根据当地经济发展水平，参考法律援助机构办理各类法律援助案件的平均成本等因素核定，并可以根据需要调整。

第二十五条　法律援助机构对公民申请的法律咨询服务，应当即时办理；复杂疑难的，可以预约择时办理。

第五章　法律责任

第二十六条　法律援助机构及其工作人员有下列情形之一的，对直接负责的主管人员以及其他直接责任人员依法给予纪律处分：

（一）为不符合法律援助条件的人员提供法律援助，或者拒绝为符合法律援助条件的人员提供法律援助的；

（二）办理法律援助案件收取财物的；

（三）从事有偿法律服务的；

（四）侵占、私分、挪用法律援助经费的。

办理法律援助案件收取的财物，由司法行政部门责令退还；从事有偿法律服务的违法所得，由司法行政部门予以没收；侵占、私分、挪用法律援助经费的，由司法行政部门责令追回，情节严重，构成犯罪的，依法追究刑事责任。

第二十七条　律师事务所拒绝法律援助机构的指派，不安排本所律师办理法律援助案件的，由司法行政部门给予警告、责令改正；情节严重的，给予1个月以上3个月以下停业整顿的处罚。

第二十八条　律师有下列情形之一的，由司法行政部门给予警告、责令改正；情节严重的，给予1个月以上3个月以下停止执业的处罚：

（一）无正当理由拒绝接受、擅自终止法律援助案件的；

（二）办理法律援助案件收取财物的。

有前款第（二）项违法行为的，由司法行政部门责令退还违法所得的财物，可以并处所收财物价值1倍以上3倍以下的罚款。

第二十九条　律师办理法律援助案件违反职业道德和执业纪律的，按照律师法的规定予以处罚。

第三十条　司法行政部门工作人员在法律援助的监督管理工作中，有滥用职权、玩忽职守行为的，依法给予行政处分；情节严重，构成犯罪的，依法追究刑事责任。

第六章　附　　则

第三十一条　本条例自 2003 年 9 月 1 日起施行。

办理法律援助案件程序规定

（2012 年 4 月 9 日司法部令第 124 号公布　2023 年 7 月 11 日司法部令第 148 号修订）

第一章　总　　则

第一条　为了规范办理法律援助案件程序，保证法律援助质量，根据《中华人民共和国法律援助法》《法律援助条例》等有关法律、行政法规的规定，制定本规定。

第二条　法律援助机构组织办理法律援助案件，律师事务所、基层法律服务所和法律援助人员承办法律援助案件，适用本规定。

本规定所称法律援助人员，是指接受法律援助机构的指派或者安排，依法为经济困难公民和符合法定条件的其他当事人提供法律援助服务的律师、基层法律服务工作者、法律援助志愿者以及法律援助机构中具有律师资格或者法律职业资格的工作人员等。

第三条　办理法律援助案件应当坚持中国共产党领导，坚持以人民为中心，尊重和保障人权，遵循公开、公平、公正的原则。

第四条　法律援助机构应当建立健全工作机制，加强信息化建设，为公民获得法律援助提供便利。

法律援助机构为老年人、残疾人提供法律援助服务的,应当根据实际情况提供无障碍设施设备和服务。

第五条 法律援助人员应当依照法律、法规及本规定,遵守有关法律服务业务规程,及时为受援人提供符合标准的法律援助服务,维护受援人的合法权益。

第六条 法律援助人员应当恪守职业道德和执业纪律,自觉接受监督,不得向受援人收取任何财物。

第七条 法律援助机构、法律援助人员对提供法律援助过程中知悉的国家秘密、商业秘密和个人隐私应当予以保密。

第二章 申请与受理

第八条 法律援助机构应当向社会公布办公地址、联系方式等信息,在接待场所和司法行政机关政府网站公示并及时更新法律援助条件、程序、申请材料目录和申请示范文本等。

第九条 法律援助机构组织法律援助人员,依照有关规定和服务规范要求提供法律咨询、代拟法律文书、值班律师法律帮助。法律援助人员在提供法律咨询、代拟法律文书、值班律师法律帮助过程中,对可能符合代理或者刑事辩护法律援助条件的,应当告知其可以依法提出申请。

第十条 对诉讼事项的法律援助,由申请人向办案机关所在地的法律援助机构提出申请;对非诉讼事项的法律援助,由申请人向争议处理机关所在地或者事由发生地的法律援助机构提出申请。

申请人就同一事项向两个以上有管辖权的法律援助机构提出申请的,由最先收到申请的法律援助机构受理。

第十一条 因经济困难申请代理、刑事辩护法律援助的,申请人应当如实提交下列材料：

（一）法律援助申请表；

（二）居民身份证或者其他有效身份证明，代为申请的还应当提交有代理权的证明；

（三）经济困难状况说明表，如有能够说明经济状况的证件或者证明材料，可以一并提供；

（四）与所申请法律援助事项有关的其他材料。

填写法律援助申请表、经济困难状况说明表确有困难的，由法律援助机构工作人员或者转交申请的机关、单位工作人员代为填写，申请人确认无误后签名或者按指印。

符合《中华人民共和国法律援助法》第三十二条规定情形的当事人申请代理、刑事辩护法律援助的，应当提交第一款第一项、第二项、第四项规定的材料。

第十二条　被羁押的犯罪嫌疑人、被告人、服刑人员以及强制隔离戒毒人员等提出法律援助申请的，可以通过办案机关或者监管场所转交申请。办案机关、监管场所应当在二十四小时内将申请材料转交法律援助机构。

犯罪嫌疑人、被告人通过值班律师提出代理、刑事辩护等法律援助申请的，值班律师应当在二十四小时内将申请材料转交法律援助机构。

第十三条　法律援助机构对申请人提出的法律援助申请，应当根据下列情况分别作出处理：

（一）申请人提交的申请材料符合规定的，应当予以受理，并向申请人出具收到申请材料的书面凭证，载明收到申请材料的名称、数量、日期等；

（二）申请人提交的申请材料不齐全，应当一次性告知申请人需要补充的全部内容，或者要求申请人作出必要的说明。申请人未按要求补充材料或者作出说明的，视为撤回申请；

（三）申请事项不属于本法律援助机构受理范围的，应当告知申请人向有管辖权的法律援助机构申请或者向有关部门申请处理。

第三章　审　　查

第十四条　法律援助机构应当对法律援助申请进行审查，确定是否具备下列条件：

（一）申请人系公民或者符合法定条件的其他当事人；

（二）申请事项属于法律援助范围；

（三）符合经济困难标准或者其他法定条件。

第十五条　法律援助机构核查申请人的经济困难状况，可以通过信息共享查询，或者由申请人进行个人诚信承诺。

法律援助机构开展核查工作，可以依法向有关部门、单位、村民委员会、居民委员会或者个人核实有关情况。

第十六条　受理申请的法律援助机构需要异地核查有关情况的，可以向核查事项所在地的法律援助机构请求协作。

法律援助机构请求协作的，应当向被请求的法律援助机构发出协作函件，说明基本情况、需要核查的事项、办理时限等。被请求的法律援助机构应当予以协作。因客观原因无法协作的，应当及时向请求协作的法律援助机构书面说明理由。

第十七条　法律援助机构应当自收到法律援助申请之日起七日内进行审查，作出是否给予法律援助的决定。

申请人补充材料、作出说明所需的时间，法律援助机构请求异地法律援助机构协作核查的时间，不计入审查期限。

第十八条　法律援助机构经审查，对于有下列情形之一的，应当认定申请人经济困难：

（一）申请人及与其共同生活的家庭成员符合受理的法律援助机构所在省、自治区、直辖市人民政府规定的经济困难标准的；

（二）申请事项的对方当事人是与申请人共同生活的家庭成员，申请人符合受理的法律援助机构所在省、自治区、直辖市人民政府规定的经济困难标准的；

（三）符合《中华人民共和国法律援助法》第四十二条规定，申请人所提交材料真实有效的。

第十九条　法律援助机构经审查，对符合法律援助条件的，应当决定给予法律援助，并制作给予法律援助决定书；对不符合法律援助条件的，应当决定不予法律援助，并制作不予法律援助决定书。

不予法律援助决定书应当载明不予法律援助的理由及申请人提出异议的途径和方式。

第二十条　给予法律援助决定书或者不予法律援助决定书应当发送申请人；属于《中华人民共和国法律援助法》第三十九条规定情形的，法律援助机构还应当同时函告有关办案机关、监管场所。

第二十一条　法律援助机构依据《中华人民共和国法律援助法》第四十四条规定先行提供法律援助的，受援人应当在法律援助机构要求的时限内，补办有关手续，补充有关材料。

第二十二条　申请人对法律援助机构不予法律援助的决定有异议的，应当自收到决定之日起十五日内向设立该法律援助机构的司法行政机关提出。

第二十三条　司法行政机关应当自收到异议之日起五日内进行审查，认为申请人符合法律援助条件的，应当以书面形式责令法律援助机构对该申请人提供法律援助，同时书面告知申请人；认为申请人不符合法律援助条件的，应当作出维持法律援助机构不予法律援助的决定，书面告知申请人并说明理由。

申请人对司法行政机关维持法律援助机构决定不服的，可以依法申请行政复议或者提起行政诉讼。

第四章 指 派

第二十四条 法律援助机构应当自作出给予法律援助决定之日起三日内依法指派律师事务所、基层法律服务所安排本所律师或者基层法律服务工作者，或者安排本机构具有律师资格或者法律职业资格的工作人员承办法律援助案件。

对于通知辩护或者通知代理的刑事法律援助案件，法律援助机构收到人民法院、人民检察院、公安机关要求指派律师的通知后，应当在三日内指派律师承办法律援助案件，并通知人民法院、人民检察院、公安机关。

第二十五条 法律援助机构应当根据本机构、律师事务所、基层法律服务所的人员数量、专业特长、执业经验等因素，合理指派承办机构或者安排法律援助机构工作人员承办案件。

律师事务所、基层法律服务所收到指派后，应当及时安排本所律师、基层法律服务工作者承办法律援助案件。

第二十六条 对可能被判处无期徒刑、死刑的人，以及死刑复核案件的被告人，法律援助机构收到人民法院、人民检察院、公安机关通知后，应当指派具有三年以上刑事辩护经历的律师担任辩护人。

对于未成年人刑事案件，法律援助机构收到人民法院、人民检察院、公安机关通知后，应当指派熟悉未成年人身心特点的律师担任辩护人。

第二十七条　法律援助人员所属单位应当自安排或者收到指派之日起五日内与受援人或者其法定代理人、近亲属签订委托协议和授权委托书,但因受援人原因或者其他客观原因无法按时签订的除外。

第二十八条　法律援助机构已指派律师为犯罪嫌疑人、被告人提供辩护,犯罪嫌疑人、被告人的监护人或者近亲属又代为委托辩护人,犯罪嫌疑人、被告人决定接受委托辩护的,律师应当及时向法律援助机构报告。法律援助机构按照有关规定进行处理。

第五章　承　　办

第二十九条　律师承办刑事辩护法律援助案件,应当依法及时会见犯罪嫌疑人、被告人,了解案件情况并制作笔录。笔录应当经犯罪嫌疑人、被告人确认无误后签名或者按指印。犯罪嫌疑人、被告人无阅读能力的,律师应当向犯罪嫌疑人、被告人宣读笔录,并在笔录上载明。

对于通知辩护的案件,律师应当在首次会见犯罪嫌疑人、被告人时,询问是否同意为其辩护,并记录在案。犯罪嫌疑人、被告人不同意的,律师应当书面告知人民法院、人民检察院、公安机关和法律援助机构。

第三十条　法律援助人员承办刑事代理、民事、行政等法律援助案件,应当约见受援人或者其法定代理人、近亲属,了解案件情况并制作笔录,但因受援人原因无法按时约见的除外。

法律援助人员首次约见受援人或者其法定代理人、近亲属时,应当告知下列事项:

(一) 法律援助人员的代理职责;

(二) 发现受援人可能符合司法救助条件的,告知其申请方式和途径；

（三）本案主要诉讼风险及法律后果；

（四）受援人在诉讼中的权利和义务。

第三十一条　法律援助人员承办案件，可以根据需要依法向有关单位或者个人调查与承办案件有关的情况，收集与承办案件有关的材料，并可以根据需要请求法律援助机构出具必要的证明文件或者与有关机关、单位进行协调。

法律援助人员认为需要异地调查情况、收集材料的，可以向作出指派或者安排的法律援助机构报告。法律援助机构可以按照本规定第十六条向调查事项所在地的法律援助机构请求协作。

第三十二条　法律援助人员可以帮助受援人通过和解、调解及其他非诉讼方式解决纠纷，依法最大限度维护受援人合法权益。

法律援助人员代理受援人以和解或者调解方式解决纠纷的，应当征得受援人同意。

第三十三条　对处于侦查、审查起诉阶段的刑事辩护法律援助案件，承办律师应当积极履行辩护职责，在办案期限内依法完成会见、阅卷，并根据案情提出辩护意见。

第三十四条　对于开庭审理的案件，法律援助人员应当做好开庭前准备；庭审中充分发表意见、举证、质证；庭审结束后，应当向人民法院或者劳动人事争议仲裁机构提交书面法律意见。

对于不开庭审理的案件，法律援助人员应当在会见或者约见受援人、查阅案卷材料、了解案件主要事实后，及时向人民法院提交书面法律意见。

第三十五条　法律援助人员应当向受援人通报案件办理情况，答复受援人询问，并制作通报情况记录。

第三十六条　法律援助人员应当按照法律援助机构要求报告案件

承办情况。

法律援助案件有下列情形之一的，法律援助人员应当向法律援助机构报告：

（一）主要证据认定、适用法律等方面存在重大疑义的；

（二）涉及群体性事件的；

（三）有重大社会影响的；

（四）其他复杂、疑难情形。

第三十七条 受援人有证据证明法律援助人员未依法履行职责的，可以请求法律援助机构更换法律援助人员。

法律援助机构应当自受援人申请更换之日起五日内决定是否更换。决定更换的，应当另行指派或者安排人员承办。对犯罪嫌疑人、被告人具有应当通知辩护情形，人民法院、人民检察院、公安机关决定为其另行通知辩护的，法律援助机构应当另行指派或者安排人员承办。法律援助机构应当及时将变更情况通知办案机关。

更换法律援助人员的，原法律援助人员所属单位应当与受援人解除或者变更委托协议和授权委托书，原法律援助人员应当与更换后的法律援助人员办理案件材料移交手续。

第三十八条 法律援助人员在承办案件过程中，发现与本案存在利害关系或者因客观原因无法继续承办案件的，应当向法律援助机构报告。法律援助机构认为需要更换法律援助人员的，按照本规定第三十七条办理。

第三十九条 存在《中华人民共和国法律援助法》第四十八条规定情形，法律援助机构决定终止法律援助的，应当制作终止法律援助决定书，并于三日内，发送受援人、通知法律援助人员所属单位并函告办案机关。

受援人对法律援助机构终止法律援助的决定有异议的，按照本规定第二十二条、第二十三条办理。

第四十条 法律援助案件办理结束后，法律援助人员应当及时向法律援助机构报告，并自结案之日起三十日内向法律援助机构提交结案归档材料。

刑事诉讼案件侦查阶段应以承办律师收到起诉意见书或撤销案件的相关法律文书之日为结案日；审查起诉阶段应以承办律师收到起诉书或不起诉决定书之日为结案日；审判阶段以承办律师收到判决书、裁定书、调解书之日为结案日。其他诉讼案件以法律援助人员收到判决书、裁定书、调解书之日为结案日。劳动争议仲裁案件或者行政复议案件以法律援助人员收到仲裁裁决书、行政复议决定书之日为结案日。其他非诉讼法律事务以受援人与对方当事人达成和解、调解协议之日为结案日。无相关文书的，以义务人开始履行义务之日为结案日。法律援助机构终止法律援助的，以法律援助人员所属单位收到终止法律援助决定书之日为结案日。

第四十一条 法律援助机构应当自收到法律援助人员提交的结案归档材料之日起三十日内进行审查。对于结案归档材料齐全规范的，应当及时向法律援助人员支付法律援助补贴。

第四十二条 法律援助机构应当对法律援助案件申请、审查、指派等材料以及法律援助人员提交的结案归档材料进行整理，一案一卷，统一归档管理。

第六章 附 则

第四十三条 法律援助机构、律师事务所、基层法律服务所和法律援助人员从事法律援助活动违反本规定的，依照《中华人民共和国法律援助法》《中华人民共和国律师法》《法律援助条例》《律师和律师事务所违法行为处罚办法》等法律、法规和规章的规定追究法律责任。

第四十四条 本规定中期间开始的日，不算在期间以内。期间的最后一日是节假日的，以节假日后的第一日为期满日期。

第四十五条 法律援助文书格式由司法部统一规定。

第四十六条 本规定自 2023 年 9 月 1 日起施行。司法部 2012 年 4 月 9 日公布的《办理法律援助案件程序规定》（司法部令第 124 号）同时废止。

军人军属法律援助工作实施办法

（2023 年 2 月）

第一章 总 则

第一条 为了规范军人军属法律援助工作，依法维护国防利益和军人军属合法权益，根据《中华人民共和国法律援助法》《中华人民共和国军人地位和权益保障法》《军人抚恤优待条例》《国务院、中央军委关于进一步加强军人军属法律援助工作的意见》，制定本办法。

第二条 为军人军属提供法律援助，适用本办法。

第三条 军人军属法律援助工作是中国特色社会主义法律援助事业的重要组成部分，应当坚持中国共产党领导，坚持围绕中心、服务大局，军民合力、共商共建，依法优先、注重质量，实现政治效果、社会效果、法律效果相统一。

第四条 县级以上人民政府司法行政部门和军队团级以上单位负

责司法行政工作的部门应当密切协作、相互配合，研究制定军人军属法律援助工作发展规划、重要制度和措施，安排部署军人军属法律援助工作任务，指导军人军属法律援助工作组织实施，及时解决工作中的困难和问题，共同做好军人军属法律援助工作。

第五条　县级以上人民政府司法行政部门和军队团级以上单位负责司法行政工作的部门应当开展经常性的军人军属法律援助宣传教育，普及军人军属法律援助知识。

第二章　工作站点和人员

第六条　县级以上人民政府司法行政部门设立的法律援助机构负责组织实施军人军属法律援助工作。

法律援助机构可以在省军区（卫戍区、警备区）、军分区（警备区）、县（市、区）人民武装部、军事法院、军事检察院以及其他军队团级以上单位建立军人军属法律援助工作站。

有条件的法律援助机构可以在乡（镇）人民武装部、军队营级以下单位设立军人军属法律援助联络点。

第七条　军人军属法律援助工作站应当具备以下条件：

（一）有固定的办公场所和设备；

（二）有具备一定法律知识的工作人员；

（三）有必要的工作经费；

（四）有规范的工作制度；

（五）有统一的标识及公示栏。

第八条　军人军属法律援助工作站的职责范围包括：

（一）受理、转交军人军属法律援助申请；

（二）开展军人军属法治宣传教育；

（三）解答法律咨询、代拟法律文书；

（四）办理简单的非诉讼法律援助事项；

（五）其他应当依法履行的工作职责。

第九条 军人军属法律援助工作站应当在接待场所和相关网站公示办公地址、通讯方式以及军人军属法律援助条件、程序、申请材料目录等信息。

第十条 军人军属法律援助工作站应当建立军人军属来信、来电、来访咨询事项登记制度。对属于法律援助范围的，应当一次性告知申请程序，指导当事人依法提出申请；对不属于法律援助范围的，应当告知有关规定，指引当事人寻求其他解决渠道。

第十一条 法律援助机构应当综合政治素质、业务能力、执业年限等，择优遴选具有律师资格或者法律职业资格的人员参与军人军属法律援助工作，建立军人军属法律援助人员库。

军队具有律师资格或者法律职业资格的人员，以及其他具有法律专业素质和服务能力的人员，可以纳入军人军属法律援助人员库，由其所在军队团级以上单位负责司法行政工作的部门管理，参与军人军属法律援助工作站或者联络点值班，参加驻地法律援助业务培训和办案交流等。

第十二条 法律援助机构应当会同军队团级以上单位负责司法行政工作的部门、军事法院、军事检察院，安排军人军属法律援助人员库入库人员在军人军属法律援助工作站或者联络点值班，合理安排值班方式、值班频次。

值班方式可以采用现场值班、电话值班、网络值班相结合的方式；现场值班的，可以采取固定专人或者轮流值班，也可以采取预约值班。

第十三条 军人军属法律援助联络点可以安排本单位工作人员担

任联络员，就近受理、转交军人军属法律援助申请，协调法律援助机构开展法律咨询、法治宣传教育等法律服务。

有条件的军人军属法律援助联络点，可以参照军人军属法律援助工作站设置办公场所、安排人员值班。

第十四条 法律援助机构、法律援助人员办理军人军属法律援助案件，应当保守知悉的国家秘密、军事秘密、商业秘密，不得泄露当事人的隐私。

第三章 事项和程序

第十五条 军人军属维护合法权益遇到困难的，法律援助机构应当依法优先提供免费的咨询、代理等法律服务。

第十六条 军人军属对下列事项，因经济困难没有委托代理人的，可以向法律援助机构申请法律援助：

（一）涉及侵害军人名誉纠纷的；

（二）请求给予优抚待遇的；

（三）涉及军人婚姻家庭纠纷的；

（四）人身伤害案件造成人身损害或者财产损失请求赔偿的；

（五）涉及房屋买卖纠纷、房屋租赁纠纷、拆迁安置补偿纠纷的；

（六）涉及农资产品质量纠纷、土地承包纠纷、宅基地纠纷以及保险赔付的；

（七）《中华人民共和国法律援助法》规定的法律援助事项范围或者法律、法规、规章规定的其他情形。

第十七条 军人军属申请法律援助，应当提交下列申请材料，法律援助机构免予核查经济困难状况：

（一）有关部门制发的证件、证明军人军属关系的户籍材料或者军队单位开具的身份证明等表明军人军属身份的材料；

（二）法律援助申请表；

（三）经济困难状况说明表；

（四）与所申请法律援助事项有关的案件材料。

第十八条 下列人员申请法律援助的，无需提交经济困难状况说明表：

（一）义务兵、供给制学员及其军属；

（二）执行作战、重大非战争军事行动任务的军人及其军属；

（三）烈士、因公牺牲军人、病故军人的遗属。

第十九条 军人军属申请法律援助的，诉讼事项由办案机关所在地的法律援助机构受理，非诉讼事项由争议处理机关所在地或者事由发生地的法律援助机构受理。

法律援助机构应当及时受理相关法律援助申请，对不属于本机构受理的，应当协助军人军属向有权受理的机构申请。

第二十条 法律援助机构决定给予法律援助的，应当及时指派法律援助人员承办军人军属法律援助案件。

有条件的法律援助机构可以指派军人军属选定的法律援助人员作为案件承办人。

第二十一条 受理申请的法律援助机构需要异地法律援助机构协助调查取证、送达文书的，异地法律援助机构应当支持。法律援助机构请求协助的，应当向被请求的法律援助机构出具协助函件，说明协助内容。

异地协助所需的时间不计入法律援助机构受理审查时限。

第二十二条 法律援助机构应当在服务窗口设立法律援助绿色通道，对军人军属申请法律援助的，优先受理、优先审查、优先指派。符合条件的可以先行提供法律援助，事后补充材料、补办手续。对伤病残等特殊困难的军人军属，实行网上申请、电话申请、邮寄申请、上门受理等便利服务。

第二十三条 执行作战、重大非战争军事行动任务的军人及其军属申请法律援助的，不受事项范围限制。

法律援助机构应当指派具有三年以上相关执业经历的律师，为执行作战、重大非战争军事行动任务的军人及其军属提供法律援助。军人所在团级以上单位负责司法行政工作的部门应当会同县级以上人民政府司法行政部门，及时了解案件办理情况，帮助协调解决困难问题，保障受援人获得优质高效的法律援助。

军人执行作战、重大非战争军事行动任务，由其所在团级以上单位负责司法行政工作的部门出具证明。暂时无法出具证明的，法律援助机构可以先行提供法律援助，受援人应当及时补交相关证明。

第二十四条 法律援助机构办理军人军属法律援助案件，需要协助的，军队团级以上单位负责司法行政工作的部门应当予以协助。对先行提供法律援助但受援人未及时补交相关证明的，法律援助机构可以向军队团级以上单位负责司法行政工作的部门了解有关情况，对不符合法律援助条件的，应当依法终止法律援助。

对军人军属法律援助工作站或者联络点转交的军人军属法律援助申请，法律援助机构作出决定后，应当及时告知军队团级以上单位负责司法行政工作的部门。

第四章 保障和监督

第二十五条 县级以上人民政府司法行政部门应当会同涉军维权工作领导小组办公室和军队团级以上单位负责司法行政工作的部门，建立军地法律援助衔接工作联席会议制度，研究工作，部署任务，通报情况，协调解决重大问题。

第二十六条　建立军人军属法律援助工作站的军队团级以上单位负责司法行政工作的部门、军事法院、军事检察院，应当协调为军人军属法律援助工作站提供必要的办公场所和设施，安排人员保障军人军属法律援助工作有序开展。

第二十七条　县级以上人民政府司法行政部门应当把军人军属法律援助人员培训工作纳入当地法律援助业务培训规划。军队团级以上单位负责司法行政工作的部门应当为军人军属法律援助人员参加培训提供必要的条件和保障。

县级以上人民政府司法行政部门应当会同军队团级以上单位负责司法行政工作的部门、军事法院、军事检察院，与法律援助机构、律师事务所开展业务研究、办案交流等活动，提高军人军属法律援助案件办理质量。

第二十八条　县级以上人民政府司法行政部门应当会同军队团级以上单位负责司法行政工作的部门协调地方财政部门，推动将军人军属法律援助经费列入本级政府预算。

有条件的地方可以探索建立军人军属法律援助公益基金，专门用于办理军人军属法律援助案件。法律援助基金会等组织应当通过多种渠道，积极募集社会资金，支持军人军属法律援助工作。

军队团级以上单位负责司法行政工作的部门、军事法院、军事检察院应当将军人军属法律援助工作站、联络点日常办公所需经费纳入单位年度预算。

第二十九条　军人军属法律援助工作站、联络点应当向法律援助机构及时报告工作，接受其业务指导和监督，及时与所驻军队团级以上单位负责司法行政工作的部门、军事法院、军事检察院沟通有关情况。

军队团级以上单位负责司法行政工作的部门应当定期调研军人军属法律援助工作。针对发现的矛盾问题，可以向驻地县级以上人民政府司法行政部门和法律援助机构提出改进建议，必要时提交军地法律援助衔接工作联席会议研究解决。

第三十条 县级以上涉军维权工作领导小组办公室应当会同驻地团级以上单位负责司法行政工作的部门，将军人军属法律援助工作纳入年度平安建设考评体系；需要了解有关情况的，同级人民政府司法行政部门应当予以协助。考评结果应当报送同级的县（市、区）人民武装部、军分区（警备区）、省军区（卫戍区、警备区）。

第三十一条 对在军人军属法律援助工作中做出突出贡献的组织和个人，按照国家有关规定给予表彰和奖励。

第五章 附 则

第三十二条 本办法所称军人，是指在中国人民解放军服现役的军官、军士、义务兵等人员。

本办法所称军属，是指军人的配偶、父母（扶养人）、未成年子女、不能独立生活的成年子女。

本办法所称烈士、因公牺牲军人、病故军人的遗属，是指烈士、因公牺牲军人、病故军人的配偶、父母（扶养人）、子女，以及由其承担抚养义务的兄弟姐妹。

第三十三条 军队文职人员、职工，军队管理的离休退休人员，以及执行军事任务的预备役人员和其他人员，参照本办法有关军人的规定。

除本办法另有规定外，烈士、因公牺牲军人、病故军人的遗属，适用本办法有关军属的规定。

第三十四条 中国人民武装警察部队服现役的警官、警士和义务兵等人员，适用本办法。

第三十五条 本办法自 2023 年 3 月 1 日起施行。2016 年 9 月 14 日司法部、中央军委政法委员会发布的《军人军属法律援助工作实施办法》同时废止。

法律援助志愿者管理办法

（司法部、中央文明办 2021 年 12 月 31 日）

第一章 总 则

第一条 为鼓励和规范社会力量参与法律援助志愿服务，保障法律援助志愿者、志愿服务对象及法律援助机构等招募单位的合法权益，发展法律援助志愿服务事业，根据《中华人民共和国法律援助法》《志愿服务条例》等规定，制定本办法。

第二条 本办法适用于由法律援助机构或受其委托的事业单位、社会组织，以及工会、共产主义青年团、妇女联合会、残疾人联合会等群团组织，组织招募志愿者开展的法律援助志愿服务活动。

本办法不适用于公民自行开展的公益法律服务。

第三条 本办法所称法律援助志愿者，是指根据法律援助机构等单位安排，运用自身专业知识和技能无偿提供法律援助及相关服务的公民。

第四条 开展法律援助志愿服务，应当遵循自愿、无偿、平等、诚信、合法的原则，不得违背社会公德、损害社会公共利益和他人合法权益。

第五条　司法行政、财政、民政、教育、卫生健康（老龄办）、共产主义青年团等部门和单位应当采取措施，鼓励公民提供法律援助志愿服务。

第六条　国务院司法行政部门指导、监督全国的法律援助志愿服务活动。县级以上地方人民政府司法行政部门指导、监督本行政区域的法律援助志愿服务活动。

法律援助机构负责组织实施法律援助志愿服务活动，可以委托事业单位、社会组织招募法律援助志愿者，开展法律援助志愿服务活动。

第二章　服务范围和申请条件

第七条　根据自身专业知识和技能情况，法律援助志愿者可以提供下列服务：

（一）法律咨询、代拟法律文书、刑事辩护与代理、民事案件、行政案件、国家赔偿案件的诉讼代理及非诉讼代理、值班律师法律帮助、劳动争议调解与仲裁代理等法律援助服务；

（二）为受援人提供外语、少数民族语言翻译、心理疏导等相关服务；

（三）为有需要的残疾受援人提供盲文、手语翻译等无障碍服务；

（四）为法律援助经费筹集提供支持，参与法律援助的宣传、培训、理论研究、案件质量评估等工作。

第八条　公民申请成为法律援助志愿者，应当年满18周岁，具有奉献精神，遵纪守法，热爱法律援助和志愿服务事业。

第九条　申请提供刑事辩护与代理和值班律师法律帮助的法律援

助志愿者，应当提供律师执业证书。

申请提供心理疏导、翻译服务的法律援助志愿者，一般需提供职业资格证书或学历学位证书。

第十条 有下列情形之一的，法律援助机构等招募单位不得审核其成为法律援助志愿者：

（一）无民事行为能力或者限制民事行为能力的；

（二）因故意犯罪受过刑事处罚的；

（三）被吊销律师、公证员执业证书的；

（四）因违法违规被取消法律援助志愿者身份的。

第三章 权利和义务

第十一条 法律援助志愿者享有以下权利：

（一）根据自己的意愿、时间和技能提供法律援助志愿服务；

（二）获得法律援助志愿服务内容的必要信息、安全教育、技能培训、志愿者服务证及胸章、服务记录证明；

（三）提供服务后按规定领取法律援助补贴中的直接费用；

（四）相关法律、法规、规章赋予的其他权利。

第十二条 法律援助志愿者应当履行以下义务：

（一）履行志愿服务协议或承诺，提供符合标准的法律援助服务；

（二）保守国家秘密、商业秘密和个人隐私，不得向他人泄露志愿服务中掌握的案件情况；

（三）因故不能参加或完成预先约定的法律援助志愿服务，应当提前告知；

（四）不得以法律援助志愿者名义从事营利性活动，不得向受援人收取财物或接受其他利益；

（五）相关法律、法规规定的其他义务。

第四章 服务管理

第十三条 法律援助机构等招募单位，可以根据工作需要制定法律援助志愿者招募计划，发布真实、准确、完整的招募信息，并负责组织做好相关工作。

第十四条 申请人申请成为法律援助志愿者，应当按照法律援助机构等招募单位要求，提交法律援助志愿者申请表，提供身份信息、服务技能、服务时间和联系方式等基本信息。

第十五条 经法律援助机构等招募单位审核后，申请人可以登录全国性志愿服务平台自行注册信息，也可以通过法律援助机构等招募单位注册。

第十六条 法律援助机构等招募单位应当如实记录法律援助志愿者的注册信息、志愿服务情况、评价情况、参加培训和获得表彰奖励等信息，并根据记录的信息出具法律援助志愿服务记录证明。

第十七条 法律援助志愿服务时长以小时为单位进行记录，原则上每天记录时长不超过 8 小时，超出时长的需要单独记录并作出说明。

第十八条 司法行政机关可以根据法律援助志愿者的服务时长、服务效果及综合评价等，建立健全法律援助志愿者星级服务评估评选机制。

第十九条 法律援助志愿者可以提出退出法律援助志愿者队伍的申请，法律援助机构等招募单位应当在收到其退出申请后的十五个工作日内完成相关工作。

第二十条 法律援助志愿者有下列情形之一的，法律援助机构核实后，对造成不良影响的，应当取消或通知招募单位取消其法律援助志愿者身份，并以适当方式告知本人：

（一）以法律援助志愿者名义进行营利性活动，或者收取受援人财物或其他利益的；

（二）同一年度内三次不能完成预先约定的服务，或者因服务质量不合格被受援人投诉三次以上的；

（三）违反相关执业行为规范的；

（四）法律、法规规定的其他情形。

第二十一条 法律援助志愿者在志愿服务中存在违法行为的，司法行政机关应当依法予以处理，并由法律援助机构等招募单位取消其法律援助志愿者身份。

第五章　激励保障

第二十二条 法律援助机构等招募单位应当为法律援助志愿者提供必要的工作条件，组织业务培训，支付法律援助志愿者提供服务过程中实际产生的差旅费、邮电费、印刷费、调查取证费、翻译费、公证费和鉴定费等直接费用。

组织可能发生人身危险或为期一年以上的专项法律援助志愿服务活动的，法律援助机构等招募单位应当与志愿者签订服务协议，为志愿者购买相应的人身意外伤害保险。

法律援助志愿者在提供志愿服务过程中受到人身、财产权益侵害的，法律援助机构等招募单位应当提供必要帮助，依法维护法律援助志愿者的合法权益。

第二十三条 司法行政机关应当根据国家有关规定，协调参与法律援助志愿服务相关部门，建立健全法律援助志愿服务激励机制，开展法律援助志愿服务宣传，提供必要的经费、培训和场所支持，推动法律援助志愿者在就学、公共服务、表彰奖励等方面享有本地区关于志愿者的优惠奖励政策，并按规定落实就业、社会保障政策。

第二十四条　司法行政机关应当与文明办、民政、教育、卫生健康（老龄办）、共产主义青年团等部门和单位建立法律援助志愿服务工作协作、信息共享机制。

司法行政和教育部门应当共同鼓励和支持高等院校师生提供法律援助志愿服务，可以将在校师生参与法律援助志愿服务的情况，作为教师业绩评价的参考，探索将法律援助志愿服务纳入学生实习、实训和实践课程。

鼓励具备条件的地方团委和高等院校招募大学生法律援助志愿者，积极提供法律援助志愿服务。

第二十五条　高等院校、科研机构可以组织从事法学教育、研究工作的人员和法学专业学生作为法律援助志愿者，在司法行政部门指导下，依法为经济困难公民和符合法定条件的其他当事人提供法律咨询、代拟法律文书、案件代理、劳动争议调解与仲裁代理服务。

第二十六条　司法行政机关应当加强与工会、共产主义青年团、妇女联合会、残疾人联合会、老龄协会等沟通协调，建立法律援助志愿服务工作协作机制，共同开展针对困难职工、进城务工人员、未成年人、妇女、残疾人、老年人等特定群体的专项法律援助志愿服务活动。

事业单位、社会组织受法律援助机构委托招募法律援助志愿者，或者工会、共产主义青年团、妇女联合会、残疾人联合会等群团组织自行组织招募的，应当接受法律援助机构的业务指导，引导志愿者落实法律援助服务标准，有关工作进行备案登记。

第二十七条　司法行政机关应当与文明办、民政、卫生健康（老龄办)、共产主义青年团等部门和单位加强协作，共享全国性志愿服务平台有关法律援助志愿信息，依托现有志愿服务平台建立法律援助志愿服务信息登录和注册页面，实现法律援助志愿者的网上申请、审核等管理，以及志愿服务信息的查询、下载。

第二十八条　对在法律援助志愿服务中做出突出贡献的个人，由司法行政机关按照法律、法规和国家有关规定予以表彰、奖励。

第六章　附　　则

第二十九条　除本办法外，关于法律援助志愿者的管理，还应当遵守国家和地方精神文明建设指导机构及各级民政部门有关志愿服务的相关规定。

第三十条　法律援助志愿者通过志愿服务项目提供法律援助服务的，按照本办法相关规定和项目协议执行。接受服务地法律援助机构指派办理案件的，与当地法律援助人员领取同等的法律援助补贴。

第三十一条　本办法所称招募单位，包括法律援助机构，受法律援助机构委托开展法律援助志愿服务活动的事业单位、社会组织，以及工会、共产主义青年团、妇女联合会、残疾人联合会等群团组织。

第三十二条　本办法的解释权属于国务院司法行政部门。

第三十三条　本办法自发布之日起施行。

最高人民法院、司法部关于为死刑复核案件被告人依法提供法律援助的规定（试行）

（2021年12月30日　法〔2021〕348号）

为充分发挥辩护律师在死刑复核程序中的作用，切实保障死刑复核案件被告人的诉讼权利，根据《中华人民共和国刑事诉讼法》《中华人民共和国律师法》《中华人民共和国法律援助法》《最高人民法院关于适用〈中华人民共和国刑事诉讼法〉的解释》等法律及司法解释，制定本规定。

第一条　最高人民法院复核死刑案件，被告人申请法律援助的，应当通知司法部法律援助中心指派律师为其提供辩护。

法律援助通知书应当写明被告人姓名、案由、提供法律援助的理由和依据、案件审判庭和联系方式，并附二审或者高级人民法院复核审裁判文书。

第二条　高级人民法院在向被告人送达依法作出的死刑裁判文书时，应当书面告知其在最高人民法院复核死刑阶段可以委托辩护律师，也可以申请法律援助；被告人申请法律援助的，应当在十日内提出，法律援助申请书应当随案移送。

第三条　司法部法律援助中心在接到最高人民法院法律援助通知书后，应当采取适当方式指派律师为被告人提供辩护。

第四条　司法部法律援助中心在接到最高人民法院法律援助通知书后，应当在三日内指派具有三年以上刑事辩护执业经历的律师担任被告人的辩护律师，并函告最高人民法院。

司法部法律援助中心出具的法律援助公函应当写明接受指派的辩护律师的姓名、所属律师事务所及联系方式。

第五条 最高人民法院应当告知或者委托高级人民法院告知被告人为其指派的辩护律师的情况。被告人拒绝指派的律师为其辩护的，最高人民法院应当准许。

第六条 被告人在死刑复核期间自行委托辩护律师的，司法部法律援助中心应当作出终止法律援助的决定，并及时函告最高人民法院。

最高人民法院在复核死刑案件过程中发现有前款规定情形的，应当及时函告司法部法律援助中心。司法部法律援助中心应当作出终止法律援助的决定。

第七条 辩护律师应当在接受指派之日起十日内，通过传真或者寄送等方式，将法律援助手续提交最高人民法院。

第八条 辩护律师依法行使辩护权，最高人民法院应当提供便利。

第九条 辩护律师在依法履行辩护职责中遇到困难和问题的，最高人民法院、司法部有关部门应当及时协调解决，切实保障辩护律师依法履行职责。

第十条 辩护律师应当在接受指派之日起一个半月内提交书面辩护意见或者当面反映辩护意见。辩护律师要求当面反映意见的，最高人民法院应当听取辩护律师的意见。

第十一条 死刑复核案件裁判文书应当写明辩护律师姓名及所属律师事务所，并表述辩护律师的辩护意见。受委托宣判的人民法院应当在宣判后五日内将最高人民法院生效裁判文书送达辩护律师。

第十二条 司法部指导、监督全国死刑复核案件法律援助工作，司法部法律援助中心负责具体组织和实施。

第十三条 本规定自 2022 年 1 月 1 日起施行。

关于加强退役军人法律援助工作的意见

(2021年12月7日　退役军人部发〔2021〕73号)

退役军人法律援助工作是加强退役军人服务保障的重要举措,是维护退役军人合法权益的一项重要民生工程。推进退役军人法律援助工作,对于建立健全退役军人权益保障机制,完善公共法律服务体系,具有重要意义。为全面落实中共中央办公厅、国务院办公厅《关于完善法律援助制度的意见》和《中华人民共和国退役军人保障法》、《中华人民共和国法律援助法》等政策法律制度,加强退役军人法律援助工作,现提出如下意见。

一、总体要求

(一)指导思想。以习近平新时代中国特色社会主义思想为指导,全面贯彻落实党的十九大和十九届二中、三中、四中、五中、六中全会精神,全面贯彻习近平法治思想,深入贯彻习近平总书记关于退役军人工作重要论述和法律援助工作重要指示精神,增强"四个意识"、坚定"四个自信"、做到"两个维护",紧紧围绕广大退役军人实际需要,依法扩大法律援助范围,提高法律援助服务质量,确保退役军人在遇到法律问题或者合法权益需要维护时获得优质高效的法律帮助。

(二)基本原则。坚持党的领导,突出党总揽全局、协调各方的领导核心作用,把党的领导贯穿到退役军人法律援助工作的全过程和各方面。坚持以人为本,把维护退役军人合法权益作为出发点和落脚点,努力满足退役军人法律援助需求。坚持政府主导,落实退役军人事务部门、司法行政部门退役军人法律援助工作的部门责任，同时激发各类社会主体参与的积极性。坚持改革创新，立足退役军人工作实际，积极探索退役军人法律援助工作规律，创新工作理念、机制和方法，实现退役军人法律援助申请快捷化、审查简便化、办案标准化。

（三）工作目标。到2022年，基本形成覆盖城乡、便捷高效、均等普惠的退役军人法律援助服务网络，退役军人法律援助工作全面覆盖。到2035年，基本形成与法治国家、法治政府、法治社会基本建成目标相适应的退役军人法律援助供给模式，退役军人的满意度显著提升、共享公共法律服务成果基本实现。

二、加强法律援助体系保障

（四）设立服务窗口站点。退役军人事务部门可以根据实际工作情况在退役军人服务中心（站）设立法律咨询窗口，为退役军人提供法律咨询、转交法律援助申请等服务。法律援助机构可以根据工作需要在退役军人服务中心设立法律援助工作站，在乡镇、街道、农村和城市社区退役军人服务站设立法律援助联络点，就近受理法律援助申请。

（五）加强人员力量建设。退役军人事务部门可以通过政府购买法律服务等方式，择优选择律师事务所等法律服务机构为退役军人提供法律咨询服务。司法行政部门可以整合公共法律服务资源，积极引导律师等法律人才为退役军人提供法律援助服务。鼓励和支持法律援助志愿者在司法行政部门指导下，为退役军人提供法律咨询、代拟法律文书等法律援助。加强法律援助人才库建设，鼓励符合条件的退役军人积极参与法律援助志愿服务工作，加强法律知识培训，提高法律援助人员专业素质和服务能力。

（六）建立服务规范标准。推进退役军人法律援助工作规范化标准化建设。退役军人法律咨询窗口、法律援助工作站（联络点）应当建立来访人信息登记制度，完善解答咨询、受理转交申请等工作制度。推动援务公开，对法律援助申请条件、流程、渠道和所需材料等进行公示。省级退役军人法律咨询窗口、法律援助工作站每周至少安排半个工作日、市和县至少安排一个工作日专业人员值班服务，乡镇、街道、农村和城市社区退役军人法律咨询窗口、法律援助联络点做好日常服务。

三、拓宽法律援助覆盖范围

（七）扩大援助范围。在法律援助法规定事项范围基础上，根据当地经济社会发展水平和退役军人法律援助实际需求，依法扩大退役军人法律援助覆盖面。有条件的地区，要将涉及退役军人切身利益的事项纳入法律援助范围，降低法律援助门槛，尽力使更多退役军人依法获得法律援助。法律援助机构要认真组织办理退役军人涉及确认劳动关系、支付劳动报酬、工伤事故、交通事故、食品药品安全事故、医疗事故人身损害赔偿等方面的法律援助案件，依法为退役军人提供符合标准的法律援助服务。

（八）强化咨询服务。退役军人事务部门要在法律咨询窗口、法律援助工作站（联络点）安排专业人员免费为来访退役军人提供法律咨询，全面了解案件事实和来访人法律诉求。对咨询事项属于法律援助范围的，应当提示来访人享有依法申请法律援助的权利，并告知申请法律援助的条件和程序；对咨询事项不属于法律援助范围的，可以为来访人提出法律建议；对咨询事项不属于法律问题或者与法律援助无关的，可以告知来访人应咨询部门或渠道。司法行政部门要将退役军人作为公共法律服务的重点对象，为退役军人开辟法律援助绿色通道，在现有的公共法律服务实体平台普遍设立退役军人优先服务窗口。有条件的地区，在法律服务网设立退役军人专栏，或者在"12348"公共法律服务热线平台开通退役军人专线，优先为退役军人解答日常生产生活中遇到的法律问题。

四、完善法律援助工作机制

（九）建立协作机制。退役军人事务部门、司法行政部门要建立健全退役军人法律援助工作协作机制，强化退役军人工作政策制度、退役军人身份和经济困难状况等信息沟通，促进实现信息共享和工作协同。法律援助机构在办理退役军人法律援助事项时，需要核查申请人经济困难状况的，退役军人事务部门应当予以配合。建立健全法律援助服务资源依法跨区域流动制度机制，鼓励和支持律师、法律援助志愿者等在法律服务资源相对短缺地区为退役军人提供法律援助。

（十）优化办理程序。退役军人法律咨询窗口、法律援助工作站（联络点）可以接受退役军人的法律援助申请，经初步审查，符合法律援助条件的，应当及时转交法律援助机构办理，也可以引导申请人通过法律服务网在线申请。法律援助机构要把退役军人作为重点援助对象，对退役军人的法律援助申请，可以优先受理、优先审查、优先指派。

（十一）提高办案质量。根据退役军人法律援助案件性质、结合法律援助人员专业特长，法律援助机构应当合理指派案件承办人员，注意挑选对退役军人工作有深厚感情、熟悉涉军法律和政策、擅长办理同类案件的法律援助人员为退役军人提供法律援助服务，提高案件办理的专业化水平和质量。法律援助机构、法律援助人员对提供法律援助过程中知悉的国家秘密、商业秘密和个人隐私应当予以保密。

（十二）加强跟踪督办。健全退役军人法律援助案件服务质量监管机制，综合运用质量评估、受援人回访等措施强化案件质量管理，督促法律援助机构和人员依法履行职责。对疑难复杂案件，法律援助机构可以联合退役军人事务部门以及相关部门共同研究，加强跟踪检查，保证受援人获得优质高效的法律援助。

五、丰富法律援助服务方式

（十三）加大普法宣传教育。退役军人事务部门要加强法治宣传教育，普及法律知识，增强退役军人法治意识，引导退役军人依法表达合理诉求、依法维护权益。退役军人事务部门、司法行政部门可以组织人员通过入户走访、座谈沟通等多种方式，及时了解退役军人法律援助需求。

（十四）完善便民服务机制。加强退役军人法律援助信息化建设，推动互联网、大数据、人工智能等科技创新成果同退役军人法律援助工作深度融合。退役军人事务部门、司法行政部门应当通过服务窗口、电话、网络等多种方式为退役军人提供法律咨询服务。法律援助机构对老年、残疾等行动不便的退役军人，视情提供电话申请、上门服务。

六、切实加强组织领导

（十五）强化责任担当。各级退役军人事务部门、司法行政部门要认真履行组织、协调和指导退役军人法律援助工作的职责，充分发挥职能作用。退役军人事务部门、司法行政部门要加强沟通协调，密切工作配合，建立制度化、规范化的工作衔接机制。法律援助机构要丰富服务内容，创新服务方式，不断提高为退役军人提供法律援助服务的能力和水平。

（十六）加强检查指导。建立退役军人法律援助工作责任履行情况考评机制、报告制度和督导检查制度。将退役军人法律援助工作作为法治政府建设的重要任务，作为退役军人工作考核的重要内容。退役军人事务部门、司法行政部门要加强跟踪指导，积极协调解决法律援助工作中的难点问题，及时总结推广实践证明行之有效的典型做法和有益经验。

（十七）做好宣传推广。加强舆论引导，广泛宣传退役军人法律援助工作的重大意义，宣介退役军人法律援助工作成效。加强宣传表彰工作，对在退役军人法律援助工作中做出突出贡献的组织和个人，按照有关规定给予表彰、奖励。积极营造鼓励创新的良好氛围，促进退役军人法律援助工作健康持续创新发展。

未成年人法律援助服务指引（试行）

（2020年9月16日　司公通〔2020〕12号）

第一章　总　　则

第一条　为有效保护未成年人合法权益，加强未成年人法律援助工作，规范未成年人法律援助案件的办理，依据《中华人民共和国民事诉讼法》《中华人民共和国刑事诉讼法》《中华人民共和国未成年人保护法》《法律援助条例》等法律、法规、规范性文件，制定本指引。

第二条　法律援助承办机构及法律援助承办人员办理未成年人法律援助案件，应当遵守《全国民事行政法律援助服务规范》《全国刑事法律援助服务规范》，参考本指引规定的工作原则和办案要求，提高未成年人法律援助案件的办案质量。

第三条　本指引适用于法律援助承办机构、法律援助承办人员办理性侵害未成年人法律援助案件、监护人侵害未成年人权益法律援助案件、学生伤害事故法律援助案件和其他侵害未成年人合法权益的法律援助案件。

其他接受委托办理涉及未成年人案件的律师，可以参照执行。

第四条 未成年人法律援助工作应当坚持最有利于未成年人的原则，遵循给予未成年人特殊、优先保护，尊重未成年人人格尊严，保护未成年人隐私权和个人信息，适应未成年人身心发展的规律和特点，听取未成年人的意见，保护与教育相结合等原则；兼顾未成年犯罪嫌疑人、被告人、被害人权益的双向保护，避免未成年人受到二次伤害，加强跨部门多专业合作，积极寻求相关政府部门、专业机构的支持。

第二章　基本要求

第五条 法律援助机构指派未成年人案件时，应当优先指派熟悉未成年人身心特点、熟悉未成年人法律业务的承办人员。未成年人为女性的性侵害案件，应当优先指派女性承办人员办理。重大社会影响或疑难复杂案件，法律援助机构可以指导、协助法律援助承办人员向办案机关寻求必要支持。有条件的地区，法律援助机构可以建立未成年人法律援助律师团队。

第六条 法律援助承办人员应当在收到指派通知书之日起5个工作日内会见受援未成年人及其法定代理人（监护人）或近亲属并进行以下工作：

（一）了解案件事实经过、司法程序处理背景、争议焦点和诉讼时效、受援未成年人及其法定代理人（监护人）诉求、案件相关证据材料及证据线索等基本情况；

（二）告知其法律援助承办人员的代理、辩护职责、受援未成年人及其法定代理人（监护人）在诉讼中的权利和义务、案件主要诉讼风险及法律后果；

（三）发现未成年人遭受暴力、虐待、遗弃、性侵害等侵害的，可以向公安机关进行报告，同时向法律援助机构报备，可以为其寻求救助庇护和专业帮助提供协助；

（四）制作谈话笔录，并由受援未成年人及其法定代理人（监护人）或近亲属共同签名确认。未成年人无阅读能力或尚不具备理解认知能力的，法律援助承办人员应当向其宣读笔录，由其法定代理人（监护人）或近亲属代签，并在笔录上载明。

（五）会见受援未成年人时，其法定代理人（监护人）或近亲属至少应有一人在场，会见在押未成年人犯罪嫌疑人、被告人除外；会见受援未成年人的法定代理人（监护人）时，如有必要，受援未成年人可以在场。

第七条 法律援助承办人员办理未成年人案件的工作要求：

（一）与未成年人沟通时不得使用批评性、指责性、侮辱性以及有损人格尊严等性质的语言；

（二）会见未成年人，优先选择未成年人住所或者其他让未成年人感到安全的场所；

（三）会见未成年当事人或未成年证人，应当通知其法定代理人（监护人）或者其他成年亲属等合适成年人到场；

（四）保护未成年人隐私权和个人信息，不得公开涉案未成年人和未成年被害人的姓名、影像、住所、就读学校以及其他可能推断、识别身份信息的其他资料信息；

（五）重大、复杂、疑难案件，应当提请律师事务所或法律援助机构集体讨论，提请律师事务所讨论的，应当将讨论结果报告法律援助机构。

第三章　办理性侵害未成年人案件

第八条　性侵害未成年人犯罪,包括刑法第二百三十六条、第二百三十七条、第三百五十八条、第三百五十九条规定的针对未成年人实施的强奸罪,猥亵他人罪,猥亵儿童罪,组织卖淫罪,强迫卖淫罪,引诱、容留、介绍卖淫罪,引诱幼女卖淫罪等案件。

第九条　法律援助承办人员办理性侵害未成年人案件的工作要求:

(一)法律援助承办人员需要询问未成年被害人的,应当采取和缓、科学的询问方式,以一次、全面询问为原则,尽可能避免反复询问。法律援助承办人员可以建议办案机关在办理案件时,推行全程录音录像制度,以保证被害人陈述的完整性、准确性和真实性;

(二)法律援助承办人员应当向未成年被害人及其法定代理人(监护人)释明刑事附带民事诉讼的受案范围,协助未成年被害人提起刑事附带民事诉讼。法律援助承办人员应当根据未成年被害人的诉讼请求,指引、协助未成年被害人准备证据材料;

(三)法律援助承办人员办理性侵害未成年人案件时,应当于庭审前向人民法院确认案件不公开审理。

第十条　法律援助承办人员发现公安机关在处理性侵害未成年人犯罪案件应当立案而不立案的,可以协助未成年被害人及其法定代理人(监护人)向人民检察院申请立案监督或协助向人民法院提起自诉。

第十一条　法律援助承办人员可以建议办案机关对未成年被害人的心理伤害程度进行社会评估,辅以心理辅导、司法救助等措施,修复和弥补未成年被害人身心伤害;发现未成年被害人存在心理、情绪异常的，应当告知其法定代理人（监护人）为其寻求专业心理咨询与疏导。

第十二条 对于低龄被害人、证人的陈述的证据效力，法律援助承办人员可以建议办案机关结合被害人、证人的心智发育程度、表达能力，以及所处年龄段未成年人普遍的表达能力和认知能力进行客观的判断，对待证事实与其年龄、智力状况或者精神健康状况相适应的未成年人陈述、证言，应当建议办案机关依法予以采信，不能轻易否认其证据效力。

第十三条 在未成年被害人、证人确有必要出庭的案件中，法律援助承办人员应当建议人民法院采取必要保护措施，不暴露被害人、证人的外貌、真实声音，有条件的可以采取视频等方式播放被害人的陈述、证人证言，避免未成年被害人、证人与被告人接触。

第十四条 庭审前，法律援助承办人员应当认真做好下列准备工作：

（一）在举证期限内向人民法院提交证据清单及证据，准备证据材料；

（二）向人民法院确认是否存在证人、鉴定人等出庭作证情况，拟定对证人、鉴定人的询问提纲；

（三）向人民法院确认刑事附带民事诉讼被告人是否有证据提交，拟定质证意见；

（四）拟定对证言笔录、鉴定人的鉴定意见、勘验笔录和其他作为证据的文书的质证意见；

（五）准备辩论意见；

（六）向被害人及其法定代理人（监护人）了解是否有和解或调解方案，并充分向被害人及其法定代理人（监护人）进行法律释明后，向人民法院递交方案；

（七）向被害人及其法定代理人（监护人）介绍庭审程序，使其了解庭审程序、庭审布局和有关注意事项。

第十五条　法律援助承办人员办理性侵害未成年人案件，应当了解和审查以下关键事实：

（一）了解和严格审查未成年被害人是否已满十二周岁、十四周岁的关键事实，正确判断犯罪嫌疑人、被告人是否"明知"或者"应当知道"未成年被害人为幼女的相关事实；

（二）了解和审查犯罪嫌疑人、被告人是否属于对未成年被害人负有"特殊职责的人员"；

（三）准确了解性侵害未成年人案发的地点、场所等关键事实，正确判断是否属于"在公共场所当众"性侵害未成年人。

第十六条　办理利用网络对儿童实施猥亵行为的案件时，法律援助承办人员应指导未成年被害人及其法定代理人（监护人）及时收集、固定能够证明行为人出于满足性刺激的目的，利用网络采取诱骗、强迫或者其他方法要求被害人拍摄、传送暴露身体的不雅照片、视频供其观看等相关事实方面的电子数据，并向办案机关报告。

第十七条　性侵害未成年人犯罪具有《关于依法惩治性侵害未成年人犯罪的意见》第 25 条规定的情形之一以及第 26 条第二款规定的情形的，法律援助承办人员应当向人民法院提出依法从重从严惩处的建议。

第十八条　对于犯罪嫌疑人、被告人利用职业便利、违背职业要求的特定义务性侵害未成年人的，法律援助承办人员可以建议人民法院在作出判决时对其宣告从业禁止令。

第十九条　发生在家庭内部的性侵害案件，为确保未成年被害人的安全，法律援助承办人员可以建议办案机关依法对未成年被害人进行紧急安置，避免再次受到侵害。

第二十条　对监护人性侵害未成年人的案件，法律援助承办人员可以建议人民检察院、人民法院向有关部门发出检察建议或司法建议，建议有关部门依法申请撤销监护人资格，为未成年被害人另行指定其他监护人。

第二十一条　发生在学校的性侵害未成年人的案件，在未成年被害人不能正常在原学校就读时，法律援助承办人员可以建议其法定代理人（监护人）向教育主管部门申请为其提供教育帮助或安排转学。

第二十二条　未成年人在学校、幼儿园、教育培训机构等场所遭受性侵害，在依法追究犯罪人员法律责任的同时，法律援助承办人员可以帮助未成年被害人及其法定代理人（监护人）要求上述单位依法承担民事赔偿责任。

第二十三条　从事住宿、餐饮、娱乐等的组织和人员如果没有尽到合理限度范围内的安全保障义务，与未成年被害人遭受性侵害具有因果关系时，法律援助承办人员可以建议未成年被害人及其法定代理人（监护人）向安全保障义务人提起民事诉讼，要求其承担与其过错相应的民事补充赔偿责任。

第二十四条　法律援助承办人员办理性侵害未成年人附带民事诉讼案件，应当配合未成年被害人及其法定代理人（监护人）积极与犯罪嫌疑人、被告人协商、调解民事赔偿，为未成年被害人争取最大限度的民事赔偿。

犯罪嫌疑人、被告人以经济赔偿换取未成年被害人翻供或者撤销案件的，法律援助承办人员应当予以制止，并充分释明法律后果，告知未成年被害人及其法定代理人（监护人）法律风险。未成年被害人及其法定代理人（监护人）接受犯罪嫌疑人、被告人前述条件，法律援助承办人员可以拒绝为其提供法律援助服务，并向法律援助机构报告；法律援助机构核实后应当终止本次法律援助服务。

未成年被害人及其法定代理人（监护人）要求严惩犯罪嫌疑人、被告人，放弃经济赔偿的，法律援助承办人员应当尊重其决定。

第二十五条　未成年被害人及其法定代理人（监护人）提出精神损害赔偿的，法律援助承办人员应当注意收集未成年被害人因遭受性侵害导致精神疾病或者心理伤害的证据，将其精神损害和心理创伤转化为接受治疗、辅导而产生的医疗费用，依法向犯罪嫌疑人、被告人提出赔偿请求。

第二十六条　对未成年被害人因性侵害犯罪造成人身损害，不能及时获得有效赔偿，生活困难的，法律援助承办人员可以帮助未成年被害人及其法定代理人（监护人）、近亲属，依法向办案机关提出司法救助申请。

第四章　办理监护人侵害未成年人权益案件

第二十七条　监护人侵害未成年人权益案件，是指父母或者其他监护人（以下简称监护人）性侵害、出卖、遗弃、虐待、暴力伤害未成年人，教唆、利用未成年人实施违法犯罪行为，胁迫、诱骗、利用未成年人乞讨，以及不履行监护职责严重危害未成年人身心健康等行为。

第二十八条　法律援助承办人员发现监护侵害行为可能构成虐待罪、遗弃罪的，应当告知未成年人及其他监护人、近亲属或村（居）民委员会等有关组织有权告诉或代为告诉。

未成年被害人没有能力告诉，或者因受到强制、威吓无法告诉的，法律援助承办人员应当告知其近亲属或村（居）委员会等有关组织代为告诉或向公安机关报案。

第二十九条　法律援助承办人员发现公安机关处理监护侵害案件

应当立案而不立案的，可以协助当事人向人民检察院申请立案监督或协助向人民法院提起自诉。

第三十条 办案过程中，法律援助承办人员发现未成年人身体受到严重伤害、面临严重人身安全威胁或者处于无人照料等危险状态的，应当建议公安机关将其带离实施监护侵害行为的监护人，就近护送至其他监护人、亲属、村（居）民委员会或者未成年人救助保护机构。

第三十一条 监护侵害行为情节较轻，依法不给予治安管理处罚的，法律援助承办人员可以协助未成年人的其他监护人、近亲属要求公安机关对加害人给予批评教育或者出具告诫书。

第三十二条 公安机关将告诫书送交加害人、未成年受害人，以及通知村（居）民委员会后，法律援助承办人员应当建议村（居）民委员会、公安派出所对收到告诫书的加害人，未成年受害人进行查访、监督加害人不再实施家庭暴力。

第三十三条 未成年人遭受监护侵害行为或者面临监护侵害行为的现实危险，法律援助承办人员应当协助其他监护人、近亲属，向未成年人住所地、监护人住所地或者侵害行为地基层人民法院，申请人身安全保护令。

第三十四条 法律援助承办人员应当协助受侵害未成年人搜集公安机关出警记录、告诫书、伤情鉴定意见等证据。

第三十五条 法律援助承办人员代理申请人身安全保护令时，可依法提出如下请求：

（一）禁止被申请人实施家庭暴力；

（二）禁止被申请人骚扰、跟踪、接触申请人及其相关近亲属；

（三）责令被申请人迁出申请人住所；

（四）保护申请人人身安全的其他措施。

第三十六条 人身安全保护令失效前，法律援助承办人员可以根据申请人要求，代理其向人民法院申请撤销、变更或者延长。

第三十七条 发现监护人具有民法典第三十六条、《关于依法处理监护人侵害未成年人权益行为若干问题的意见》第三十五条规定的情形之一的，法律援助承办人员可以建议其他具有监护资格的人、居（村）民委员会、学校、医疗机构、妇联、共青团、未成年人保护组织、民政部门等个人或组织，向未成年人住所地、监护人住所地或者侵害行为地基层人民法院申请撤销原监护人监护资格，依法另行指定监护人。

第三十八条 法律援助承办人员承办申请撤销监护人资格案件，可以协助申请人向人民检察院申请支持起诉。申请支持起诉的，应当向人民检察院提交申请支持起诉书，撤销监护人资格申请书、身份证明材料及案件所有证据材料复印件。

第三十九条 有关个人和组织向人民法院申请撤销监护人资格前，法律援助承办人员应当建议其听取有表达能力的未成年人的意见。

第四十条 法律援助承办人员承办申请撤销监护人资格案件，在接受委托后，应撰写撤销监护人资格申请书。申请书应当包括申请人及被申请人信息、申请事项、事实与理由等内容。

第四十一条 法律援助承办人员办理申请撤销监护人资格的案件，应当向人民法院提交相关证据，并协助社会服务机构递交调查评估报告。该报告应当包含未成年人基本情况，监护存在问题，监护人悔过情况，监护人接受教育、辅导情况，未成年人身心健康状况以及未成年人意愿等内容。

第四十二条 法律援助承办人员根据实际需要可以向人民法院申请聘请适当的社会人士对未成年人进行社会观护，引入心理疏导和测评机制，组织专业社会工作者、儿童心理问题专家等专业人员参与诉讼，为受侵害未成年人和被申请人提供心理辅导和测评服务。

第四十三条　法律援助承办人员应当建议人民法院根据最有利于未成年人的原则，在民法典第二十七条规定的人员和单位中指定监护人。没有依法具有监护资格的人的，建议人民法院依据民法典第三十二条规定指定民政部门担任监护人，也可以指定具备履行监护职责条件的被监护人住所地的村（居）民委员会担任监护人。

第四十四条　法律援助承办人员应当告知现任监护人有权向人民法院提起诉讼，要求被撤销监护人资格的父母继续负担被监护人的抚养费。

第四十五条　判决不撤销监护人资格的，法律援助承办人员根据《关于依法处理监护人侵害未成年人权益行为若干问题的意见》有关要求，可以协助有关个人和部门加强对未成年人的保护和对监护人的监督指导。

第四十六条　具有民法典第三十八条、《关于依法处理监护人侵害未成年人权益行为若干问题的意见》第四十条规定的情形之一的，法律援助承办人员可以向人民法院提出不得判决恢复其监护人资格的建议。

第五章　办理学生伤害事故案件

第四十七条　学生伤害事故案件，是指在学校、幼儿园或其他教育机构（以下简称教育机构）实施的教育教学活动或者组织的校外活动中，以及在教育机构负有管理责任的校舍、场地、其他教育教学设施、生活设施内发生的，造成在校学生人身损害后果的事故。

第四十八条　办理学生伤害事故案件，法律援助承办人员可以就以下事实进行审查：

（一）受侵害未成年人与学校、幼儿园或其他教育机构之间是否存在教育法律关系；

（二）是否存在人身损害结果和经济损失，教育机构、受侵害未成年人或者第三方是否存在过错，教育机构行为与受侵害未成年人损害结果之间是否存在因果关系；

（三）是否超过诉讼时效，是否存在诉讼时效中断、中止或延长的事由。

第四十九条　法律援助承办人员应当根据以下不同情形，告知未成年人及其法定代理人（监护人）相关的责任承担原则：

（一）不满八周岁的无民事行为能力人在教育机构学习、生活期间受到人身损害的，教育机构依据民法典第一千一百九十九条的规定承担过错推定责任；

（二）已满八周岁不满十八周岁的限制民事责任能力人在教育机构学习、生活期间受到人身损害的，教育机构依据民法典第一千二百条的规定承担过错责任；

（三）因教育机构、学生或者其他相关当事人的过错造成的学生伤害事故，相关当事人应当根据其行为过错程度的比例及其与损害结果之间的因果关系承担相应的责任。

第五十条　办理学生伤害事故案件，法律援助承办人员应当调查了解教育机构是否具备办学许可资格，教师或者其他工作人员是否具备职业资格，注意审查和收集能够证明教育机构存在《学生伤害事故处理办法》第九条规定的过错情形的证据。

第五十一条　办理《学生伤害事故处理办法》第十条规定的学生伤害事故案件，法律援助承办人员应当如实告知未成年人及其法定代理人（监护人）可能存在由其承担法律责任的诉讼风险。

第五十二条 办理《学生伤害事故处理办法》第十二条、第十三条规定的学生伤害事故案件，法律援助承办人员应当注意审查和收集教育机构是否已经履行相应职责或行为有无不当。教育机构已经履行相应职责或行为并无不当的，法律援助承办人员应当告知未成年人及其法定代理人（监护人），案件可能存在教育机构不承担责任的诉讼风险。

第五十三条 未成年人在教育机构学习、生活期间，受到教育机构以外的人员人身损害的，法律援助承办人员应当告知未成年人及其法定代理人（监护人）由侵权人承担侵权责任，教育机构未尽到管理职责的，承担相应的补充责任。

第五十四条 办理涉及教育机构侵权案件，法律援助承办人员可以采取以下措施：

（一）关注未成年人的受教育权，发现未成年人因诉讼受到教育机构及教职员工不公正对待的，及时向教育行政主管部门和法律援助机构报告；

（二）根据案情需要，可以和校方协商，或者向教育行政主管部门申请调解，并注意疏导家属情绪，积极参与调解，避免激化矛盾；

（三）可以调查核实教育机构和未成年人各自参保及保险理赔情况。

第五十五条 涉及校园重大安全事故、严重体罚、虐待、学生欺凌、性侵害等可能构成刑事犯罪的案件，法律援助承办人员可以向公安机关报告，或者协助未成年人及其法定代理人（监护人）向公安机关报告，并向法律援助机构报备。

第六章　附　　则

第五十六条　本指引由司法部公共法律服务管理局与中华全国律师协会负责解释，自公布之日起试行。

法律援助值班律师工作办法

（2020年8月20日　司规〔2020〕6号）

第一章　总　　则

第一条　为保障犯罪嫌疑人、被告人依法享有的诉讼权利，加强人权司法保障，进一步规范值班律师工作，根据《中华人民共和国刑事诉讼法》《中华人民共和国律师法》等规定，制定本办法。

第二条　本办法所称值班律师，是指法律援助机构在看守所、人民检察院、人民法院等场所设立法律援助工作站，通过派驻或安排的方式，为没有辩护人的犯罪嫌疑人、被告人提供法律帮助的律师。

第三条　值班律师工作应当坚持依法、公平、公正、效率的原则，值班律师应当提供符合标准的法律服务。

第四条　公安机关（看守所）、人民检察院、人民法院、司法行政机关应当保障没有辩护人的犯罪嫌疑人、被告人获得值班律师法律帮助的权利。

第五条　值班律师工作由司法行政机关牵头组织实施，公安机关

(看守所)、人民检察院、人民法院应当依法予以协助。

第二章　值班律师工作职责

第六条　值班律师依法提供以下法律帮助：
（一）提供法律咨询；
（二）提供程序选择建议；
（三）帮助犯罪嫌疑人、被告人申请变更强制措施；
（四）对案件处理提出意见；
（五）帮助犯罪嫌疑人、被告人及其近亲属申请法律援助；
（六）法律法规规定的其他事项。
值班律师在认罪认罚案件中，还应当提供以下法律帮助：
（一）向犯罪嫌疑人、被告人释明认罪认罚的性质和法律规定；
（二）对人民检察院指控罪名、量刑建议、诉讼程序适用等事项提出意见；
（三）犯罪嫌疑人签署认罪认罚具结书时在场。
值班律师办理案件时，可以应犯罪嫌疑人、被告人的约见进行会见，也可以经办案机关允许主动会见；自人民检察院对案件审查起诉之日起可以查阅案卷材料、了解案情。

第七条　值班律师提供法律咨询时，应当告知犯罪嫌疑人、被告人有关法律帮助的相关规定，结合案件所在的诉讼阶段解释相关诉讼权利和程序规定，解答犯罪嫌疑人、被告人咨询的法律问题。

犯罪嫌疑人、被告人认罪认罚的，值班律师应当了解犯罪嫌疑人、被告人对被指控的犯罪事实和罪名是否有异议，告知被指控罪名的法定量刑幅度，释明从宽从重处罚的情节以及认罪认罚的从宽幅度，并结合案件情况提供程序选择建议。

值班律师提供法律咨询的,应当记录犯罪嫌疑人、被告人涉嫌的罪名、咨询的法律问题、提供的法律解答。

第八条　在审查起诉阶段,犯罪嫌疑人认罪认罚的,值班律师可以就以下事项向人民检察院提出意见:

(一)涉嫌的犯罪事实、指控罪名及适用的法律规定;

(二)从轻、减轻或者免除处罚等从宽处罚的建议;

(三)认罪认罚后案件审理适用的程序;

(四)其他需要提出意见的事项。

值班律师对前款事项提出意见的,人民检察院应当记录在案并附卷,未采纳值班律师意见的,应当说明理由。

第九条　犯罪嫌疑人、被告人提出申请羁押必要性审查的,值班律师应当告知其取保候审、监视居住、逮捕等强制措施的适用条件和相关法律规定、人民检察院进行羁押必要性审查的程序;犯罪嫌疑人、被告人已经被逮捕的,值班律师可以帮助其向人民检察院提出羁押必要性审查申请,并协助提供相关材料。

第十条　犯罪嫌疑人签署认罪认罚具结书时,值班律师对犯罪嫌疑人认罪认罚自愿性、人民检察院量刑建议、程序适用等均无异议的,应当在具结书上签名,同时留存一份复印件归档。

值班律师对人民检察院量刑建议、程序适用有异议的,在确认犯罪嫌疑人系自愿认罪认罚后,应当在具结书上签字,同时可以向人民检察院提出法律意见。

犯罪嫌疑人拒绝值班律师帮助的,值班律师无需在具结书上签字,应当将犯罪嫌疑人签字拒绝法律帮助的书面材料留存一份归档。

第十一条　对于被羁押的犯罪嫌疑人、被告人,在不同诉讼阶段,可以由派驻看守所的同一值班律师提供法律帮助。对于未被羁押的犯罪嫌疑人、被告人,前一诉讼阶段的值班律师可以在后续诉讼阶段继续为犯罪嫌疑人、被告人提供法律帮助。

第三章 法律帮助工作程序

第十二条 公安机关、人民检察院、人民法院应当在侦查、审查起诉和审判各阶段分别告知没有辩护人的犯罪嫌疑人、被告人有权约见值班律师获得法律帮助,并为其约见值班律师提供便利。

第十三条 看守所应当告知犯罪嫌疑人、被告人有权约见值班律师,并为其约见值班律师提供便利。

看守所应当将值班律师制度相关内容纳入在押人员权利义务告知书,在犯罪嫌疑人、被告人入所时告知其有权获得值班律师的法律帮助。

犯罪嫌疑人、被告人要求约见值班律师的,可以书面或者口头申请。书面申请的,看守所应当将其填写的法律帮助申请表及时转交值班律师。口头申请的,看守所应当安排代为填写法律帮助申请表。

第十四条 犯罪嫌疑人、被告人没有委托辩护人并且不符合法律援助机构指派律师为其提供辩护的条件,要求约见值班律师的,公安机关、人民检察院、人民法院应当及时通知法律援助机构安排。

第十五条 依法应当通知值班律师提供法律帮助而犯罪嫌疑人、被告人明确拒绝的,公安机关、人民检察院、人民法院应当记录在案。

前一诉讼程序犯罪嫌疑人、被告人明确拒绝值班律师法律帮助的,后一诉讼程序的办案机关仍需告知其有权获得值班律师法律帮助的权利,有关情况应当记录在案。

第十六条 公安机关、人民检察院、人民法院需要法律援助机构通知值班律师为犯罪嫌疑人、被告人提供法律帮助的，应当向法律援助机构出具法律帮助通知书，并附相关法律文书。

单次批量通知的，可以在一份法律帮助通知书后附多名犯罪嫌疑人、被告人相关信息的材料。

除通知值班律师到羁押场所提供法律帮助的情形外，人民检察院、人民法院可以商法律援助机构简化通知方式和通知手续。

第十七条 司法行政机关和法律援助机构应当根据当地律师资源状况、法律帮助需求，会同看守所、人民检察院、人民法院合理安排值班律师的值班方式、值班频次。

值班方式可以采用现场值班、电话值班、网络值班相结合的方式。现场值班的，可以采取固定专人或轮流值班，也可以采取预约值班。

第十八条 法律援助机构应当综合律师政治素质、业务能力、执业年限等确定值班律师人选，建立值班律师名册或值班律师库。并将值班律师库或名册信息、值班律师工作安排，提前告知公安机关（看守所）、人民检察院、人民法院。

第十九条 公安机关、人民检察院、人民法院应当在确定的法律帮助日期前三个工作日，将法律帮助通知书送达法律援助机构，或者直接送达现场值班律师。

该期间没有安排现场值班律师的，法律援助机构应当自收到法律帮助通知书之日起两个工作日内确定值班律师，并通知公安机关、人民检察院、人民法院。

公安机关、人民检察院、人民法院和法律援助机构之间的送达及通知方式，可以协商简化。

适用速裁程序的案件、法律援助机构需要跨地区调配律师等特殊情形的通知和指派时限，不受前款限制。

第二十条　值班律师在人民检察院、人民法院现场值班的，应当按照法律援助机构的安排，或者人民检察院、人民法院送达的通知，及时为犯罪嫌疑人、被告人提供法律帮助。

犯罪嫌疑人、被告人提出法律帮助申请，看守所转交给现场值班律师的，值班律师应当根据看守所的安排及时提供法律帮助。

值班律师通过电话、网络值班的，应当及时提供法律帮助，疑难案件可以另行预约咨询时间。

第二十一条　侦查阶段，值班律师可以向侦查机关了解犯罪嫌疑人涉嫌的罪名及案件有关情况；案件进入审查起诉阶段后，值班律师可以查阅案卷材料，了解案情，人民检察院、人民法院应当及时安排，并提供便利。已经实现卷宗电子化的地方，人民检察院、人民法院可以安排在线阅卷。

第二十二条　值班律师持律师执业证或者律师工作证、法律帮助申请表或者法律帮助通知书到看守所办理法律帮助会见手续，看守所应当及时安排会见。

危害国家安全犯罪、恐怖活动犯罪案件，侦查期间值班律师会见在押犯罪嫌疑人的，应当经侦查机关许可。

第二十三条　值班律师提供法律帮助时，应当出示律师执业证或者律师工作证或者相关法律文书，表明值班律师身份。

第二十四条　值班律师会见犯罪嫌疑人、被告人时不被监听。

第二十五条　值班律师在提供法律帮助过程中，犯罪嫌疑人、被告人向值班律师表示愿意认罪认罚的，值班律师应当及时告知相关的公安机关、人民检察院、人民法院。

第四章　值班律师工作保障

第二十六条　在看守所、人民检察院、人民法院设立的法律援助工作站，由同级司法行政机关所属的法律援助机构负责派驻并管理。

看守所、人民检察院、人民法院等机关办公地点临近的，法律援助机构可以设立联合法律援助工作站派驻值班律师。

看守所、人民检察院、人民法院应当为法律援助工作站提供必要办公场所和设施。有条件的人民检察院、人民法院，可以设置认罪认罚等案件专门办公区域，为值班律师设立专门会见室。

第二十七条　法律援助工作站应当公示法律援助条件及申请程序、值班律师工作职责、当日值班律师基本信息等，放置法律援助格式文书及宣传资料。

第二十八条　值班律师提供法律咨询、查阅案卷材料、会见犯罪嫌疑人或者被告人、提出书面意见等法律帮助活动的相关情况应当记录在案，并随案移送。

值班律师应当将提供法律帮助的情况记入工作台账或者形成工作卷宗，按照规定时限移交法律援助机构。

公安机关（看守所）、人民检察院、人民法院应当与法律援助机构确定工作台账格式，将值班律师履行职责情况记录在案，并定期移送法律援助机构。

第二十九条　值班律师提供法律帮助时，应当遵守相关法律法规、执业纪律和职业道德，依法保守国家秘密、商业秘密和个人隐私，不得向他人泄露工作中掌握的案件情况，不得向受援人收取财物或者谋取不正当利益。

第三十条　司法行政机关应当会同财政部门，根据直接费用、基本劳务费等因素合理制定值班律师法律帮助补贴标准，并纳入预算予以保障。

值班律师提供法律咨询、转交法律援助申请等法律帮助的补贴标准按工作日计算；为认罪认罚案件的犯罪嫌疑人、被告人提供法律帮助的补贴标准，由各地结合本地实际情况按件或按工作日计算。

法律援助机构应当根据值班律师履行工作职责情况，按照规定支付值班律师法律帮助补贴。

第三十一条 法律援助机构应当建立值班律师准入和退出机制，建立值班律师服务质量考核评估制度，保障值班律师服务质量。

法律援助机构应当建立值班律师培训制度，值班律师首次上岗前应当参加培训，公安机关、人民检察院、人民法院应当提供协助。

第三十二条 司法行政机关和法律援助机构应当加强本行政区域值班律师工作的监督和指导。对律师资源短缺的地区，可采取在省、市范围内统筹调配律师资源，建立政府购买值班律师服务机制等方式，保障值班律师工作有序开展。

第三十三条 司法行政机关会同公安机关、人民检察院、人民法院建立值班律师工作会商机制，明确专门联系人，及时沟通情况，协调解决相关问题。

第三十四条 司法行政机关应当加强对值班律师的监督管理，对表现突出的值班律师给予表彰；对违法违纪的值班律师，依职权或移送有权处理机关依法依规处理。

法律援助机构应当向律师协会通报值班律师履行职责情况。

律师协会应当将值班律师履行职责、获得表彰情况纳入律师年度考核及律师诚信服务记录，对违反职业道德和执业纪律的值班律师依法依规处理。

第五章 附 则

第三十五条 国家安全机关、中国海警局、监狱履行刑事诉讼法规定职责，涉及值班律师工作的，适用本办法有关公安机关的规定。

第三十六条 本办法自发布之日起施行。《关于开展法律援助值班律师工作的意见》（司发通〔2017〕84号）同时废止。